SABER-FAZER FILOSOFIA

DA ANTIGUIDADE À IDADE MÉDIA

CARLOS DIÓGENES C. TOURINHO

SABER-FAZER FILOSOFIA
DA ANTIGUIDADE À IDADE MÉDIA

Direção Editorial:
Marcelo C. Araújo

Comissão Editorial:
Avelino Grassi
Edvaldo Manoel de Araújo
Márcio Fabri dos Anjos

Coordenação Editorial:
Ana Lúcia de Castro Leite

Copidesque:
Mônica Reis

Revisão:
Lessandra Muniz de Carvalho

Diagramação:
Juliano de Sousa Cervelin

Capa:
Vinicio Frezza / Informart

Coordenador da Coleção Saber-Fazer Filosofia:
Giovanni Semeraro

© Ideias & Letras, 2017
5ª Impressão

Rua Barão de Itapetininga, 274
República - São Paulo/SP
Cep: 01042-000 – (11) 3862-4831
Televendas: 0800 777 6004
vendas@ideiaseletras.com.br
www.ideiaseletras.com.br

Dados Internacionais de Catalogação na Publicação (CIP)
(Câmara Brasileira do Livro, SP, Brasil)

Tourinho, Carlos Diógenes C.
Saber-fazer Flosofia: da antiguidade à Idade Média / Carlos Diógenes C. Tourinho. – Aparecida, SP: Ideias & Letras, 2010.

ISBN 978-85-7698-073-5
1. Filosofia antiga I. Título.

10-09258   CDD-180

Índices para catálogo sistemático:

1. Filosofia antiga 180

Sumário

Apresentação – 7

1. A filosofia e a sua especificidade – 11

2. O pensamento mítico e suas principais características – 19

3. O nascimento da filosofia entre os gregos – 27

4. Os filósofos pré-socráticos – 35

5. O mobilismo de Heráclito – 45

6. Parmênides de Eleia e a ontologia – 53

7. O advento dos sofistas: Protágoras e Górgias – 61

8. O pensamento de Sócrates e o uso da dialética – 71

9. Platão e a Teoria das Ideias – 79

10. Aristóteles e o conhecimento das quatro causas – 93

11. A filosofia helênica e o problema da ética – 107

12. Platonismo e aristotelismo cristãos na Idade Média – 119

13. Provas da existência de Deus na filosofia medieval – 127

14. Fé e razão na filosofia de São Tomás de Aquino – 137

15. O problema dos universais na filosofia medieval – 145

Apresentação

Como pode ser observado pela capa, "Saber-Fazer Filosofia" é o título geral da coleção que abriga três volumes: *Da antiguidade à Idade Média,* de Carlos Diógenes Tourinho; *O pensamento Moderno,* de Giovanni Semeraro; *Pensadores Contemporâneos,* de Martha D'Angelo. Docentes de filosofia na Faculdade de Educação da Universidade Federal Fluminense (UFF), resolvemos escrever esses livros para subsidiar professores e alunos do Ensino Médio, além de estudantes dos primeiros anos de Graduação que se iniciam no estudo da filosofia. Na realização desse objetivo, valemo-nos da nossa experiência de ensino e pesquisa, mas também das sugestões que emergiram durante os seminários "Filosofia no Ensino Médio", promovidos pelo Núcleo de Estudos e Pesquisas em Filosofia, Política e Educação (NUFIPE), do qual fazemos parte.

Para a confecção dos três volumes, concordamos um formato comum, a quantidade de páginas, a divisão dos capítulos pensados em função das aulas, a indicação de uma bibliografia essencial, a formulação dos temas para debate, a forma de reportar frases dos autores e a configuração dos assuntos. Sem deixar de fazer referência a diversos outros filósofos e problemas, por questão de espaço, focalizamos os pensadores que consideramos mais importantes para quem está se adentrando nessa disciplina. Durante a estruturação dos três livros e a investigação das temáticas, vivenciamos um gratificante trabalho de equipe, mas na elaboração do próprio livro cada um de nós manteve seu estilo próprio e seu recorte interpretativo, o que vem a constituir uma riqueza na abordagem das diferentes questões filosóficas. Desta forma, cada livro guarda a sua autonomia e pode ser lido isoladamente, mas, para uma visão de conjunto da história da filosofia, sugerimos a leitura dos três volumes.

Além da organização didática dos conteúdos, utilizando uma linguagem acessível e atualizada, tomamos o cuidado de ressaltar o contexto histórico em que se formam as ideias e se formulam as teorias. Em cada época, de fato, a filosofia não surge do nada nem emana unicamente da mente privilegiada de alguns indivíduos isolados, mas está profundamente vinculada à história, à cultura, à produção material e simbólica de uma determinada sociedade. Ao evidenciar, também, a fecundidade recíproca entre pensamento e realidade, a interligação entre as diversas correntes de pensamento, a contraposição e a disputa em torno de diferentes propostas de mundo e de sociedade, esperamos ter mostrado como a filosofia não é um saber erudito e mumificado, mas é uma atividade palpitante, crítica e criadora que se manifesta nas formas mais variadas.

Desde que nascemos, com o incessante pensar sobre as nossas atividades e o mundo onde vivemos, de qualquer modo, cada um de nós vai se tornando um "filósofo". Embora importante esse pensar individual, espontâneo e cotidiano, não é suficiente. Muitas vezes, até, não nos damos conta de que "o que é notório, justamente porque é *notório*, não é *conhecido*. No processo do conhecimento, a maneira mais comum para enganar a nós mesmos e aos outros é pressupor algo já definido e aceitá-lo como tal" (Hegel). Para vencer essas armadilhas, nossas ideias, intuições e interpretações precisam confrontar-se continuamente com a realidade e dialogar com os outros. E estes, não são apenas os nossos contemporâneos imediatos, mas também as gerações que nos antecederam e a história de outros povos. Nessa interlocução crítica, a filosofia não se limita a colher informações e a expressar curiosidades, mas busca o sentido das coisas, a conexão profunda dos fatos, o significado das manifestações culturais, de modo a construímos uma visão de mundo a mais ampla possível. O título dessa coleção, portanto, remete-nos para uma ligação inseparável entre "saber" e "fazer". Nesse movimento recíproco de pensar e agir, constrói-se um conhecimento vivo, sempre em construção, levando-nos a interpretar a realidade com a nossa própria cabeça, a descobrir a complexidade, as contradições e as dinâmicas que se escondem na multiplicidade das coisas e a enfrentar os enigmas que nos cercam.

Kant havia já sinalizado que é necessário não apenas "conhecer a filosofia, mas principalmente aprender a filosofar", a ter "a audácia de se servir da própria inteligência" com liberdade e autonomia. Mas, além disso, o "saber-fazer" filosófico exige também o envolvimento concreto com os problemas do nosso tempo para recriá-lo continuamente. Sim, porque a filosofia não é uma divagação abstrata e individual da mente, mas principalmente uma elaboração teórica crítica e apurada do que vivenciamos com os outros, uma reflexão que amadurece no nosso agir como seres ativos e organizados no complexo mundo político, econômico e cultural do qual fazemos parte. Portanto, nessas páginas, procuramos colocar em evidência não apenas as teorias filosóficas voltadas para a investigação das nossas atividades interiores, mas também o "uso público da razão" e a sua função como poderoso instrumento de transformação pessoal e social.

Pelo rigor analítico e a abrangência que a filosofia se propõe a alcançar, não podemos alimentar ilusões a respeito da dedicação que o seu estudo exige. Desde os primórdios, grandes filósofos deixaram claro que na sua construção não existem atalhos nem serve "envernizar-se de fórmulas, como as pessoas que se bronzeiam, porque a filosofia comporta dificuldades e fadigas" (Platão). Contudo, poucas alegrias são tão profundas quando, por meio dela, aprendemos a destituir mitos e a desvendar falsificações, a minar qualquer tipo de dominação e a descortinar possibilidades inéditas na compreensão de nós mesmos e na recriação do mundo. Foi o que experimentamos mais uma vez ao preparar essas ferramentas introdutórias à filosofia. Durante este trabalho, demo-nos conta de que é difícil escrever de forma fácil, expressar ideias com clareza sem perder a profundidade e o rigor, aprender a dizer com uma linguagem própria o que descobrimos. Desta forma, a nossa tarefa não se limitou a tornar acessível um complexo universo de conceitos e pensamentos altamente técnicos e sofisticados que foram se acumulando ao longo do tempo. Nessas páginas, deixamos também a marca do nosso modo de ver as coisas e interpretar o mundo. "Saber-fazer" filosofia, de fato, não é reproduzir ideias e ensinar fórmulas, mas abrir caminhos que levem a pensar e a agir de forma livre, conjunta, criativa e transformadora.

Giovanni Semeraro
Coordenador da Coleção
"Saber-Fazer Filosofia"

1
A filosofia e a sua especificidade

> *Sócrates – Teodoro, meu caro, parece que não julgou mal tua natureza. É absolutamente de um filósofo esse sentimento: espantar-se. A filosofia não tem outra origem...* (Platão, *Teeteto*)

O objetivo do nosso curso será o de introduzir noções gerais de filosofia por meio da história do pensamento, percorrendo um caminho que tem como ponto de partida a Grécia Antiga, berço da filosofia na civilização ocidental. Abordaremos os diversos períodos da história da filosofia na Antiguidade e, no andamento deste percurso, apresentaremos a formulação dos principais problemas filosóficos, bem como a repercussão dos mesmos na filosofia grega. Não deixaremos, contudo – ao evidenciarmos esses problemas –, de fazer uma apresentação dos grandes nomes da filosofia antiga e do contexto histórico por meio do qual as principais obras filosóficas emergiram. A primeira metade do nosso curso se concentrará, então, do ponto de vista histórico, na Antiguidade, fazendo uma abordagem dos seus períodos principais, quais sejam: Mítico, Pré-Socrático, Clássico e Helênico. Já a segunda parte focalizará a chamada Filosofia Medieval, desde o seu início, momento de uma Antiguidade tardia, passando pela Alta Idade Média, até o período conhecido como Escolástica. Nosso objetivo será, portanto, o de proporcionar ao leitor um curso de iniciação à filosofia, adotando como metodologia a introdução dos problemas filosóficos por intermédio da história do pensamento filosófico-científico no Ocidente. Antes, porém, de iniciarmos este itinerário na história da filosofia, faz-se necessário um exame atento acerca da especificidade da própria filosofia. Afinal, o que é a filosofia? Em que ela consiste? Qual a especificidade do exercício filosófico? São questões que inevitavelmente devem inaugurar todo curso de filosofia que tenha como objetivo maior ser um curso **introdutório**, a despeito da área de investigação a que este curso é oferecido. Portanto, examinaremos, antes de iniciarmos o nosso caminho na história da filosofia, a pergunta acerca do sentido originário do fazer filosófico, pergunta essa que se coloca inicialmente para o próprio filósofo que, no exercício de suas reflexões, não deixa de meditar sobre o que há de inconfundível na atividade filosófica propriamente dita.

Todos fazemos, em nossa linguagem corrente, uso costumeiro do termo *filosofia*. Na maior parte das vezes empregamos o referido termo para designar um modo de entendimento da realidade que nos cerca, ou ainda para designar um modo de nos relacionarmos com o outro. Concebido dessa forma, o termo filosofia aparece, então, como uma concepção de mundo, ou seja, como um olhar através do qual adotamos em nosso cotidiano certo modo de considerar as coisas, certo entendimento da realidade que nos cerca. Mas, se entendermos a filosofia como uma mera concepção de mundo, entendendo o mundo como uma realidade factual, como aquilo que nos é revelado pela experiência sensível, estaremos dizendo que todos nós exercemos, de uma maneira ou de outra, uma atitude filosófica, visto que adotamos, em nossos hábitos correntes, um olhar sobre as coisas, atribuindo a elas um conjunto de significações e assumindo, assim, a todo momento, um modo de consideração sobre esta realidade que nos cerca. Mas, se assim for, tal entendimento nos levará a afirmar que todos nós fazemos filosofia, ou que não há quem não a faça, bastando considerar a realidade de uma determinada maneira. Se optarmos por tal concepção simplista, a filosofia se confundirá inevitavelmente com a consciência empírica (espontânea e, por que não dizer, ingênua) do senso comum. Desde já, adiantamos que não pode haver equívoco maior.

A história da filosofia mostra-nos que, desde as suas origens, a filosofia esteve marcada por um senso, mas um senso crítico. Se a marca inconfundível do senso comum é o seu modo acrítico de considerar as coisas, a filosofia é, ao contrário, movida pelo seu senso crítico. Mas o que entendemos por senso crítico? A consciência acrítica do senso comum contenta-se em tomar o aparente como realidade, fortalecendo em seus hábitos a crença segundo a qual chamamos de mundo pré-existente a realidade factual dada, passível de ser conhecida em maior ou menor grau de profundidade. Tal consciência alimenta, sem fazer ao menos um exame crítico, a crença de que a realidade é isso que nos cerca, o que nos é revelado por meio de nossa experiência sensível de maneira imediata: as coisas em meio a outras tantas coisas, cada uma das quais com as suas propriedades (cor, peso, tamanho, altura, textura etc.), bem como com as relações que estabelecem entre si. Trata-se da atitude segundo a qual estaríamos a todo momento em uma relação empírica com esta realidade factual, realidade frente a qual poderíamos tomar atitudes as mais variadas no nosso dia a dia. Pode-se dizer que tal senso acrítico expressa certa ingenuidade, uma vez que não questiona (ou investiga criticamente), em momento algum, o que daria sustentação a essas crenças: tanto a crença de que a realidade nos é dada como aparece empiricamente quanto à crença de que o conhecimento seja algo certo e inquestionável, passível de ser obtido em graus variados.

No entanto, ao contrário do senso comum, o modo filosófico de entendimento das coisas não deixaria, por exemplo, de promover, tomado por seu senso crítico, um questionamento acerca do que vem a ser, afinal, o que chamamos de *mundo*. Trata-se de algo dado independentemente das nossas percepções ou algo produzido (ou constituído) por elas? Como devemos entender, por exemplo, a relação da consciência com o mundo? Em que se fundamenta a possibilidade de conhecimento do mundo? Até onde podemos conhecer as coisas?... Apenas para citar alguns desses questionamentos ditos filosóficos. Portanto, se a consciência mergulhada no senso comum contenta-se em tomar o aparente como realidade, o exercício filosófico dá sinais de sua presença quando começa por renunciar à ingenuidade e ao acriticismo da maneira de considerar as coisas. Hesitar, então, diante da mera aparência para promover, por meio de uma atividade reflexiva do pensamento, os questionamentos acerca da consciência, do mundo, do conhecimento, da linguagem, do tempo etc., procurando com a atividade reflexiva elucidar, determinar e distinguir em níveis cada vez mais elevados de clareza esses problemas filosóficos: eis uma marca inconfundível do exercício filosófico.

Mas o que seria um problema filosófico? Um problema que se mantém em aberto para o próprio pensamento que o intenciona. Em outros termos, trata-se de um problema que, uma vez retido no pensamento, força-nos a revisitá-lo, guarda algo de inesgotável, no sentido de que podemos sempre submetê-lo a uma nova análise reflexiva, explicitando novas significações sobre o que se decidiu tomar como objeto de pensamento. Portanto, novas variações de um mesmo objeto sobre o qual refletimos. Essas considerações nos trazem um aclaramento inicial acerca da especificidade do exercício filosófico.

Retomemos, então, a nossa questão inicial. O que é a filosofia? Um olhar panorâmico sobre a história da filosofia mostra-nos que a atitude filosófica foi concebida de diferentes modos. No entanto, a análise etimológica – a análise do sentido originário, da acepção arcaica, do termo filosofia – permite-nos perceber uma marca importante inerente à própria atividade filosófica. Façamos então breve consideração etimológica acerca do termo em questão. A palavra *philosophia* é uma palavra grega, constituída por dois termos: *philos* e *sophia*. Comumente esses termos são respectivamente traduzidos por amor (ou amizade) e por sabedoria, de maneira que o filósofo seria o amante (ou amigo) da sabedoria. Mas um olhar mais atento sobre o termo filosofia revela-nos uma significação mais precisa. Frequentemente traduzido por amor ou por amizade, o termo *philos* denota, no grego antigo, a ideia de "estar permanentemente próximo de algo", de "estar constantemente às voltas com alguma coisa". Nesse sentido, remete-nos para a própria ideia de proximidade, de parentesco. O filósofo seria, então, aquele que se encontra permanentemente às voltas com a sabedoria, movido por uma busca incessante que o faz avançar, cada vez mais, em direção a um aclaramento daquilo com o que se ocupa pelo exercício do pensamento. Portanto, a figura do filósofo se distingue da figura do *sábio*, a quem supomos ser o detentor da sabedoria. Mas qual o sentido desta tal *sophia*? Pode-se dizer que tal sabedoria apresenta, ao menos, um sentido ambivalente: por um lado, remete-nos para a verdade desvelada pelo pensamento, para um conhecimento verdadeiro da realidade (O que são as coisas? Por que são como são? Qual o seu fim? etc.); por outro, remete-nos para a sabedoria a ser vivida como virtude, como uma ação virtuosa que, transformada em hábito, deixa-nos mais perto da felicidade. Assim, talvez possamos dizer que o exercício filosófico não é um mero exercício contemplativo do pensamento, mas encontra-se intimamente ligado à ação. A contemplação por si só seria, uma vez desvinculada do vivido, luxo desnecessário. Daí discutirmos em filosofia os problemas relacionados à ética, enquanto disciplina filosófica. Afinal, o que deve nortear a nossa conduta perante o Outro? Se o fim último de toda a ação é, como dizia Aristóteles, a felicidade (entendida como um fim em si mesmo), quais princípios devem servir de referência em nossos hábitos para que possamos atingir tal fim? Eis uma das questões que o filósofo não deixará de fazer.

Se a etimologia do termo filosofia permite-nos aclarar um pouco mais a especificidade da atitude filosófica, isso não deixa de nos remeter a um outro problema: quais as condições de tal atitude? Sócrates dizia – e com ele Aristóteles – que "o espanto é o pai da filosofia". Trata-se da noção grega de *thauma*, que significa *espanto, perplexidade, admiração* etc. Eis uma primeira condição da atividade filosófica. Homem algum poderá exercer a filosofia se não for acometido por um espanto, por uma perplexidade perante o mundo que o cerca. A renúncia a um modo ingênuo de consideração das coisas somente é possível se o homem for tomado por certa inquietação, por certa perturbação do espírito, por um *espantar-se* diante de uma pergunta, revelada a partir de sua relação com o mundo. Não há, portanto, experiência filosófica possível sem tal espanto. Mas, além disso, será necessário que tal espanto afete o homem a ponto de despertar nele um desconforto que, por sua vez, seja intenso o bastante para impulsioná-lo, por meio do pensamento reflexivo, em direção à verdade, em direção a um processo contínuo de busca, cujo anseio maior consiste em alcançar no pensamento o aclaramento máximo das ideias.

Além do espanto, uma segunda condição da atividade filosófica é, sem dúvida, a *coragem*. Será necessário – para todo aquele que for acometido por esse espanto – coragem para levar um questionamento adiante, para não "perder a pergunta de vista", para manter viva a capacidade de se espantar. É como se a filosofia fosse uma espécie de "aventura do espírito" que procura meditar reflexivamente sobre os problemas. Nesta aventura, surgirão alguns desafios: o de suportar, em dadas ocasiões, a ausência de um nível máximo de aclaramento das ideias, sem perder, contudo, a atenção em torno das mesmas, uma vez que há um tempo próprio para elucidá-las no pensamento; também o desafio de sustentar uma reflexão sem ceder à tentação de lançar mão dos valores estabelecidos pela consciência acrítica do senso comum. Será necessário desapegar-se dessa consciência para levar adiante uma investigação filosófica dos problemas que não cessam de nos espantar. O espanto, somado à coragem para persistir na pergunta, marca, de forma significativa, a experiência filosófica.

O que mais poderíamos ressaltar nestas breves considerações sobre a especificidade da filosofia? O famoso Sócrates costumava dizer – com a prática de um questionamento incessante conhecido como *dialética* – que o reconhecimento da própria ignorância é uma espécie de portal da filosofia. Daí a celebre frase socrática: "Só sei que nada sei". Se o modo ingênuo de consideração das coisas por parte da consciência do senso comum ignora a sua própria ignorância, prendendo-se às suas próprias opiniões acerca dos fatos e dos acontecimentos, uma condição a mais da atitude filosófica passa a ser, por parte daquele que reflete atentamente sobre os problemas filosóficos, a de reconhecer, como primeira atitude, a sua própria ignorância sobre tudo aquilo que reflete. Trata-se da "boa ignorância". Aqui, pode-se dizer que há, em tal reconhecimento, uma atitude de humildade do filósofo que, ao contrário do sábio, não possui a sabedoria, mas se encontra às voltas com a mesma. Antes de qualquer conclusão, é preciso reconhecer que nada sabemos sobre a coisa que almejamos saber, pelo exercício do pensamento, tomando-a como objeto de reflexão e de análise. Eis uma das belezas que a análise etimológica do termo filosofia revela: a modéstia com que o filósofo se apresenta. Ele não é um sábio, mas sim um amante da sabedoria e, com isso, amante do seu próprio espanto, daquilo que o impulsiona a buscar constantemente o que é o objeto próprio do seu amor: a sabedoria.

Bibliografia

BORNHEIM, G. A. *Introdução ao filosofar. O pensamento filosófico em bases existenciais* . Rio de Janeiro: Globo, 1969.

COLLI, G. *O nascimento da filosofia*. Campinas: Editora da UNICAMP, 1975.

COMTE-SPONVILLE, A. *Apresentações da filosofia.* Coleção Pensamento e Filosofia. Lisboa: Instituto Piaget, 2000.

CONCHE, M. *O sentido da filosofia*. São Paulo: Martins Fontes, 2006.

Sugestão de Leitura

DROIT, R-P. *A companhia dos filósofos*. São Paulo: Martins Fontes, 2002.

ROOS, T. *Vitaminas filosóficas*: *A arte de bem viver*. Rio de Janeiro: Casa da Palavra, 2005.

Temas para Debate

1. Senso comum e senso crítico.
2. As relações entre filosofia e ciência.
3. A contemplação filosófica e a vida prática.
4. O filósofo e a figura do sábio.

2

O pensamento mítico e suas principais características

> ... *o mito conta uma história sagrada; relata um acontecimento que teve lugar no tempo primordial, no tempo fabuloso das origens. O mito conta como, graças aos atos de seres sobrenaturais, uma realidade teve existência...* (Mircea Eliade, *Aspectos do Mito*)

Um olhar panorâmico sobre a história da filosofia no Ocidente mostra-nos que o pensamento filosófico surge, entre os gregos, em uma região e século bem definidos: a região da Jônia, no século VI a.C. Com frequência, a primeira pergunta que se faz, sobretudo quando se trata de um primeiro contato com esses dados históricos, é a seguinte: afinal, como os gregos faziam para entender o mundo a sua volta no período anterior ao aparecimento da própria filosofia? Eles não pensavam? E se pensavam, qual a especificidade desta forma de pensamento? Os comentadores afirmam, em geral, que se a filosofia somente surge, como uma nova forma de pensamento, no século VI a.C, até esse período, a civilização grega era marcada por um modo de pensar que poderíamos aqui designar de *mítico*. Teríamos, portanto, dois modos de pensamento, duas formas de explicação da realidade, por meio dos quais os gregos procuravam entender o mundo que os cercava: os **fenômenos naturais**, a **sua existência**, as **relações sociais** etc. Em termos bastante amplos, poderíamos dizer que, a partir do século VI a.C, os gregos procuravam, por meio do chamado pensamento filosófico-científico, explicar o mundo através das causas puramente naturais, portanto, das causas encontradas na própria natureza. Antes do referido século, estes mesmos gregos buscavam, no exercício do pensamento mítico, explicar o mundo através de causas sobrenaturais, ou melhor, através da interpretação que faziam do desejo dos deuses. E, aqui, cabe lembrar que os gregos eram *politeístas*, ou seja, encontravam-se submetidos à vontade e às intempéries de diferentes deuses (Zeus, Atenas, Hera, Afrodite etc.), cada um expressando sua vontade e determinando, de alguma maneira, o destino dos homens na Terra.

Do ponto de vista da história da filosofia no Mundo Antigo, os manuais remetem-nos, em geral, para quatro períodos do pensamento Antigo, a saber: Mítico, Pré-Socrático, Clássico e Helênico. Nosso objetivo será, nesta lição, o de abordar alguns aspectos do Período Mítico, também conhecido como Período Mágico-Religioso. No pensamento mítico, os homens procuram entender e interpretar os fatos a sua volta recorrendo, invariavelmente, aos mitos; recorrendo à interpretação que fazem da vontade dos deuses. Um fenômeno natural – tal como o fenômeno da "mudança da maré" – poderia, por exemplo, ser interpretado como a manifestação da fúria de Poseidon (Deus dos Mares) lançada contra os homens. Ou, então, se um grupo de homens se reunia para tomar uma dada decisão e se, durante o encontro, uma ave pousasse próxima a este grupo, a presença do pássaro poderia ser interpretada como a chegada de uma mensagem dos deuses, trazida por Hermes (O mensageiro). O mito aparece, então, como recurso ao qual o grego recorre, anteriormente ao século VI a.C, para explicar o mundo a sua volta.

Dentre as marcas do pensamento mítico, deparamo-nos com as seguintes características: (a) o mito como concepção de mundo; (b) o caráter globalizante do mito; (c) o exercício de práticas que visam garantir a relação entre homens e deuses (rituais religiosos, a prática oracular, a consulta aos sacerdotes etc.); (d) a transmissão das narrativas míticas por linguagem oral; (e) e, por fim, a autoria e a cronologia indeterminadas dessas narrativas. Passemos, então, a um comentário mais detalhado de cada uma dessas características do pensamento mítico, ou mágico-religioso.

Em nosso discurso corrente empregamos na maioria das vezes o termo mito (em grego, *mythos*), ou mítico, para designar algo que não tem um estatuto ontológico, isto é, algo de fictício, de ilusório, alguma coisa de que apenas já ouvimos falar sem, no entanto, termos qualquer tipo de comprovação em nossa realidade factual. Uma das primeiras marcas e talvez a mais significativa do pensamento mítico encontra-se justamente na concepção de mito vigente no Mundo Mítico. Em tal pensamento, o mito encontra-se longe de ser uma ficção. Ao contrário, ele surge como uma concepção de mundo, como um referencial para o grego explicar invariavelmente tudo o que se passa a sua volta. Em outras palavras: o mito constitui um modelo de referência que lhe permite situar, compreender e julgar os acontecimentos a seu redor. Um homem da civilização grega, no período anterior ao século VI a.C, inevitavelmente procurava entender a causa dos fenômenos recorrendo aos mitos, ao sobrenatural, à magia etc., recorrendo, enfim, à interpretação da vontade dos deuses. Não havia, portanto, no contexto do Mundo Mítico, a menor possibilidade de os homens questionarem a existência de um mito, ou mesmo de um deus (Zeus, Hera, Atenas, Afrodite etc.). Ou bem este homem não fazia parte da civilização grega e, assim, o mito não lhe dizia respeito, ou bem se encontrava inserido em tal civilização e, portanto, o mito assumia para ele o lugar de referência para entendimento do mundo que o cercava.

Como concepção de mundo, o mito aparece, então, como um par de lentes com as quais o grego procurava explicar os fenômenos naturais, a sua existência, o destino de seu povo e assim por diante. Aqui pode-se dizer que o pensamento mítico possui um "caráter globalizante", isto é, encontra-se em toda parte como um referencial único, que o grego usava para explicar os acontecimentos. Como dissemos, anteriormente ao século VI a.C, o mito tinha para o grego uma presença absoluta e, portanto, inquestionável.

Podemos também destacar, no contexto do Mundo Mítico, ou Mágico-Religioso, as diversas práticas cujo fim maior consistiria em tentar estabelecer uma relação de comunicação dos homens com os deuses, uma vez que esses agiam diretamente no mundo humano, determinando, com frequência, a vida, o destino de um povo. Os gregos, por meio de determinadas práticas, tentavam se comunicar com os deuses, para aplacar suas fúrias, para agradecer-lhes uma dádiva alcançada. E dentre essas formas de comunicação poderíamos destacar aqui, inicialmente, o hábito milenar do grego de praticar rituais religiosos, como: sacrificar animais, servir um belo banquete etc. Quando um forasteiro se aproximava da nova terra, antes mesmo de se apresentar e dizer quem era, deveria ser convidado a se sentar à mesa e, com uma taça de vinho à mão, brindar aos deuses. O vinho já aparece aqui como uma espécie de bebida sagrada. O ritual do brinde, tão comum ainda hoje, remete-nos, portanto, ao período mais arcaico da nossa civilização ocidental. A prática do aplauso diante de uma ação espetacular, seja em uma encenação ou em práticas esportivas, era e é também uma tentativa de mostrar, com este gesto, que tal acontecimento espetacular teve a intervenção dos deuses. Enfim, os rituais aparecem, assim, no Mundo Mítico, como uma primeira tentativa dos homens de se comunicar com os deuses.

Uma segunda tentativa surge com a prática oracular. Os oráculos são santuários dedicados a algum deus, santuários para os quais os homens se dirigem, com frequência, para consultar o destino, a espera de uma resposta que lhes oriente sobre como conduzir suas vidas. Um dos mais conhecidos oráculos da Grécia Antiga é o Oráculo de Delfos, dedicado a Apolo, a quem os mitólogos comumente atribuem o dom da sabedoria. Trata-se do deus que aparece, na mitologia grega, com um arco e uma lira nas mãos. Cabe lembrar aqui o caráter ambivalente dos deuses gregos. Se, por um lado, Apolo é o deus a quem os homens se dirigem à espera de uma resposta que os livre do estado de desamparo gerado pela falta de clareza quanto ao que fazer, quanto à decisão a ser tomada; por outro, Apolo é, segundo o seu sentido arcaico, o deus que atira à distância. Possui, portanto, um lado benevolente e, outro, hostil. Em geral, os deuses gregos são intempestivos e oscilam, ora concedendo aos homens uma dádiva, ora hostilizando-os. Em Delfos, encontramos um santuário ao qual os homens se encaminham à espera de respostas para as suas perguntas. O consulente dirige, diante de um véu, a sua pergunta ao Oráculo. Do outro lado do véu, encontra-se Pítia, a poetisa que, diante da pergunta do consulente, tomada por um estado de êxtase, olha para um caldeirão efervescente e, tomada pela presença de Apolo, responde ao consulente com um enigma a ser decifrado pelo mesmo. Na prática oracular, se as respostas às perguntas dos consulentes vêm na forma de um enigma a ser decifrado, tal caráter simbólico da resposta se deve ao fato de que a linguagem dos deuses não se confunde com a linguagem dos homens, exigindo, portanto, um tempo oportuno para a sua decifração. Assim, ao lançar uma pergunta ao Oráculo, os homens terão de ter a humildade necessária para reconhecer seus próprios limites perante os deuses.

Uma terceira via de comunicação dos homens com os deuses, além dos rituais religiosos e da prática oracular, pode ser notada na figura do sacerdote. Trata-se de homens dotados de uma vocação para ver, além da visão sensível, o que os deuses querem. Em geral, a figura do sacerdote é vista como a de um homem capaz de interpretar a vontade dos deuses. Nos momentos decisivos, é comum a presença de um sacerdote entre os homens, pois é somente com base na interpretação da vontade divina que os homens encontram orientação para tomar as decisões mais acertadas para cada ocasião. Importante lembrar que os sacerdotes gozavam de prestígio social junto à nobreza aristocrática do Mundo Mítico.

Retomamos agora o exemplo da presença de um pássaro na reunião: se um grupo de homens se reúnem para tomar uma dada decisão, e durante o encontro notam o pouso de uma ave, a presença do animal pode ser interpretada pelo sacerdote como a presença de Hermes, o mensageiro, trazendo uma mensagem do Olímpo para que a reunião seja, por vontade de Zeus, adiada para outra ocasião. Trata-se de um cenário, portanto, em que todos os sinais podem ser decisivos quanto à interpretação que se faz da vontade divina. Curiosamente, nas narrativas míticas, é comum o sacerdote aparecer como um homem que carece de uma visão sensível acerca do mundo, mas que, por conta de sua própria vocação, atento a todos os sinais, é capaz de ver verdadeiramente o que os deuses reservam para os homens. Os rituais religiosos, a prática oracular e a interpretação dos sacerdotes surgem, então, como as três vias de acesso do mundo humano ao mundo divino.

O pensamento mítico (ou mágico-religioso) traz ainda como uma de suas características marcantes a transmissão oral das narrativas míticas, referentes às aventuras lendárias dos heróis ou dos deuses gregos. Como mercadoria, o papel somente chegaria à Grécia a partir do século VI a.C, por intermédio dos egípcios. Ainda assim, levaria algum tempo até o grego se habituar a registrar seus pensamentos em linguagem escrita. Basta lembrar que, dois séculos mais tarde, Sócrates ainda transmitia seus ensinamentos unicamente por linguagem oral, mantendo-se, com isso, fiel à tradição do Mundo Mítico. Até esse século, VI a.C, as grandes narrativas concernentes aos deuses ou aos heróis eram todas elas transmitidas unicamente por linguagem oral, passando de geração a geração. Tal fato fez com que, para os historiadores da filosofia, se criasse uma grande dificuldade: a de não se conseguir precisar, ao certo, a cronologia, bem como a autoria das narrativas míticas, exatamente por conta da escassez de registros escritos dessas narrativas míticas. Ainda assim, em geral, quando se trata das grandes narrativas conservadas pelo pensamento ocidental enquanto um conjunto narrativo unificado que propõe uma visão geral e ordenada do universo divino e humano, destacam-se duas fontes principais que proporcionaram o nosso conhecimento dos mitos gregos: Homero, autor de *Ilíada* e *Odisseia* (século XIX a.C) e Hesíodo, autor de *Teogonia* (século VIII a.C). Estes autores procuraram registrar, de forma poética, lendas recolhidas das tradições dos diversos povos que, sucessivamente, ocuparam a Grécia desde o Período Arcaico. No caso de Homero, há quem diga que ele próprio não teria existido, tendo sido apenas um nome escolhido por um grupo de homens que se ocuparam de organizar narrativas em linguagem escrita, a partir do século VI a.C. Seja com for, como vimos, enquanto concepção de mundo, a palavra do *mythos* exerce, com forte carga religiosa, papel decisivo entre os gregos: ser uma referência para estes mesmos homens entenderem a realidade que os cercava. As narrativas das aventuras dos heróis ou dos deuses assumem, portanto, o papel de modelos de referência para os homens, cujas ações assumem, com isso, um sentido fortemente religioso na escala de valores. Portanto, pela força que manifesta junto ao grego, o mito não desapareceria de uma vez por todas com o nascimento da filosofia. Antes sim, permaneceria como parte da tradição cultural e folclórica do povo grego. A questão que se coloca passa a ser, então, a seguinte: afinal, dada a força e a tradição do pensamento mítico entre os gregos, o que teria acontecido no século VI a.C para que o chamado pensamento mágico-religioso começasse a deixar, pouco a pouco, de ser uma referência à explicação do mundo, dando lugar a uma nova forma de pensar, voltada à natureza e procurando nela própria a chave para a explicação racional dos acontecimentos? É o que veremos a seguir.

Bibliografia

COLLI, G. *O nascimento da filosofia*. Campinas: Editora da UNICAMP, 1975.
DETIENNE, M. *Os mestres da verdade na Grécia Arcaica*. Rio de Janeiro: Jorge Zahar Editor, 1988.
GRIMAL, P. *Dicionário de mitologia grega e romana*. Rio de Janeiro: Bertrand Brasil, 1993.
VERNANT, J-P. *Mito e sociedade na Grécia Antiga*. Rio de Janeiro: José Olympio, 1999.

Sugestão de Leitura

HOMERO. *A Odisseia* (Em forma de narrativa). Coleção Universidade. Rio de Janeiro: Ediouro, 1990.
VERNANT, J-P. *O universo, os deuses, os homens*. Mitos gregos contados por Jean-Pierre Vernant. São Paulo: Companhia das Letras, 1999.

Temas para Debate

1. Heranças culturais do Mundo Mítico.
2. O mito como ficção e como concepção de mundo.
3. O discurso mítico e o discurso racional.
4. Mito e linguagem: símbolos e interpretações.

3

O nascimento da filosofia entre os gregos

> *De fato, quando a reflexão filosófica descobre o objeto de sua busca, quando se desarticula do fundo do pensamento mítico... Ela organiza um campo conceitual em torno de uma noção central que definirá um aspecto da primeira filosofia como tipo de pensamento e do primeiro filósofo como tipo de homem: Alétheia ou a "Verdade".* (Marcel Detienne, *Os Mestres da Verdade*)

Enquanto novo estilo de pensamento, a filosofia surge entre os gregos no século VI a.C, na região da Jônia, mais precisamente na próspera cidade portuária de Mileto. O referido século aparece, então, na história da filosofia, como uma espécie de divisor de épocas no Mundo Antigo e, por que não dizer, na própria história do pensamento no Ocidente. Em cada uma das épocas, predomina um determinado estilo de pensamento e, portanto, uma maneira de explicar a realidade. Como vimos, se até o século VI a.C predomina entre os gregos a aceitação do pensamento mítico, a partir desse século, nota-se o aparecimento de uma nova forma de pensar, denominada pelos comentadores de pensamento filosófico-científico (ou lógico-racional). Em termos gerais, em ambas as formas de pensamento, o homem procura explicar o mundo a sua volta, mas se, até o século VI a.C, este homem recorre invariavelmente à interpretação da vontade dos deuses, tendo no *mythos* uma referência para entender o mundo a sua volta, a partir de então, ele começa, cada vez mais, a explicar a natureza apoiando-se em causas puramente naturais, por meio do exercício de um discurso cuja marca inconfundível passa a ser a presença do *logos*, ou seja, da própria racionalidade. Mas quais fatores seriam responsáveis por uma mudança tão significativa entre os gregos?

Um olhar panorâmico sobre tal momento de mudança permite-nos, do ponto de vista social, econômico e político, apontar alguns fatores históricos que seriam, de alguma maneira, determinantes para a mudança no modo de pensar do grego. Em geral, os comentadores chamam a atenção para o fato de que a intensificação do comércio na região da Jônia, particularmente na cidade de Mileto, no século VI a.C, teria atraído outros povos para esta região. Apresentando novas mercadorias, esses povos trariam consigo suas próprias mitologias, fato que, segundo muitos, contribuiria decisivamente para que o grego começasse a relativizar os seus próprios mitos. Se até então ele vivia assolado pela presença absoluta dos seus mitos, o contato com outros povos e, por conseguinte, com outras mitologias despertaria nele certa insatisfação com o modelo de explicação do mundo vigente até então, e, com isso, uma nova disposição a partir da qual se busca entender os fenômenos da natureza não recorrendo mais, invariavelmente, a uma causa sobrenatural, mas sim à própria natureza, considerando as causas puramente naturais. O mito, aos poucos, deixaria de ser uma referência para o entendimento da realidade e se tornaria, então, apenas parte da tradição cultural e folclórica do povo grego. Além disso, a intensificação do comércio na região da Jônia impulsionaria os gregos a programas visando à expansão marítima. Lançado aos mares, ao explorar novas terras, o grego não se depararia – conforme descreviam as narrativas míticas – com figuras mitológicas tal como a do ciclope filho de Poseidon (Deus dos Mares), responsável por devorar alguns dos homens de Ulisses em *Odisseia*, de Homero, mas sim com homens comuns que habitam outras terras e que vivem sob outras culturas.

A mudança na organização social dos gregos traria também consequências importantes para o despertar de um novo estilo de pensamento a partir do século VI a.C. No Período Mítico, deparamo-nos com uma organização social do tipo aristocrata (*aristói* = os melhores / *kratos* = poder). O poder de decisão recai, nessa organização social, sobre aqueles que se encontram ligados à nobreza. Trata-se de uma sociedade verticalizada, dentro da qual encontramos, abaixo dos aristocratas detentores do poder, uma população de escravos que não têm qualquer direito de participação nas decisões deliberadas pela aristocracia. O poder é exercido na base da força física. A economia baseia-se em uma agricultura rudimentar. Mas, a partir do século VI a.C, as primeiras mudanças começam a ocorrer: o comércio surge como a atividade econômica predominante; uma parcela da população de escravos começa a requerer, junto à aristocracia, uma ascensão social e, com isso, os conflitos começam a se intensificar nos grandes centros, o que faz com que uma parcela da aristocracia – descontente com os conflitos – migre para o campo, optando por uma vida bucólica, próxima à natureza. Esses aristocratas descontentes começam a exercer um pensamento contemplativo da *physis* procurando, na própria natureza, a chave para a explicação dos fenômenos naturais. Dentre os aristocratas que migram para o campo, podemos citar o famoso filósofo pré-socrático Heráclito de Éfeso. Enquanto isso, nos grandes centros, como forma de justificar aos gregos sua importância, dado que não possuíam sangue nobre, os escravos que ascendem socialmente a partir dos conflitos com a aristocracia criam centros culturais laicos, centros de cultura no interior dos quais passou-se a desenvolver um estilo de pensamento destituído de religiosidade, contrariando, portanto, a aceitação do pensamento mágico-religioso ainda mantido pela antiga aristocracia.

Portanto, o século VI a.C revela-nos um conjunto de fatores que contribuiriam decisivamente para o despertar de uma nova inclinação entre os gregos, a partir da qual tenderiam, cada vez mais, a buscar uma explicação para os fenômenos naturais a partir do exercício de um pensamento racional, que procura, na própria natureza, e não mais fora dela, a chave para a explicação de seus fenômenos. Em princípio, poderíamos apontar então quatro acontecimentos principais: (a) o contato do grego com outras culturas e, consequentemente, com outras mitologias, levando-o à relativização dos seus próprios mitos; (b) o programa de expansão marítima, responsável por revelar aos gregos outra realidade distinta daquela descrita pelas narrativas míticas; (c) a migração de uma parcela da aristocracia para o campo, passando a exercer uma contemplação da *physis*; (d) e a criação de centros culturais laicos, dentro dos quais exercia-se, portanto, um pensamento destituído de religiosidade.

Tal contexto do século VI a.C se torna, então, decisivo para o aparecimento de um novo estilo de pensamento entre os gregos: o pensamento filosófico-científico (ou lógico-racional). Se no pensamento mítico os fenômenos eram invariavelmente explicados pela vontade dos deuses, portanto, pelo recurso ao religioso, ao mágico, ao sobrenatural, com essa nova forma de pensar, nascia entre os gregos a convicção de que a chave para a explicação dos fenômenos da natureza encontrava-se na própria natureza. Faz parte desse novo estilo de pensamento alguns conceitos principais que, articulados uns aos outros, permite-nos perceber, de forma privilegiada, a marca inconfundível do pensamento filosófico, então nascente entre os gregos.

Conforme veremos no próximo capítulo, os primeiros filósofos manifestam claramente um interesse pela *physis* (donde vem o nosso termo: física). A natureza surge como objeto primeiro de contemplação, cabendo aos primeiros filósofos encontrar nela própria – e não mais fora dela – a explicação para os fenômenos naturais. Daí o famoso Aristóteles apelidar os primeiros filósofos, naturais da região da Jônia, de *fisiólogos*, por causa do interesse marcante dos precursores da filosofia de se voltar, primeiramente, para uma contemplação da *physis*.

O modelo de explicação adotado nessa nova forma de pensar é o modelo de explicação causal. Parte-se da concepção de que, na natureza, os fenômenos naturais estariam interligados uns aos outros em termos de causa e efeito. Em outros termos, todo fenômeno natural seria efeito de alguma causa natural, de maneira que, se almejo explicar tal fenômeno, devo elucidar a causa que o determinou. Explicar consiste, então, em restituir o nexo causal entre os fenômenos. Não que, no pensamento mítico, não estivéssemos diante de explicações causais. Entretanto, no Mundo Mítico, a explicação de um fenômeno qualquer, do fenômeno da mudança da maré, por exemplo, baseava-se em causas sobrenaturais, na interpretação que os homens faziam da vontade dos deuses. Agora, no pensamento filosófico-científico, os gregos começam a buscar na própria natureza a causa determinante do fenômeno. Assim, nessa nova concepção, explicar um fenômeno da natureza consiste, primeiramente, em tomá-lo como efeito de alguma causa natural.

Tal modelo de explicação causal coloca os filósofos gregos frente a um limite crucial: o da impossibilidade de explicar, em termos racionais, a causa primeira (denominada pelos gregos de *arché*). Todo fenômeno natural é efeito de uma causa. Por ser natural, essa causa é também efeito de alguma outra causa que lhe é anterior e que, por sua vez, é efeito de alguma outra causa natural e assim sucessivamente, jogando-nos em uma regressão ao infinito. Toda a dificuldade passa a ser, então, a seguinte: como explicar racionalmente a *causa primeira*? Por mais elementar que seja um fenômeno da natureza, ele será sempre efeito de alguma causa natural que, por sua vez, será um fenômeno ainda mais elementar do que aquele que se supôs, inicialmente, ser a causa primeira da natureza. Em outras palavras: os primeiros filósofos constatam que jamais conseguiriam, mediante tal modelo de explicação causal, explicar a causa primeira em termos racionais, o que inevitavelmente os colocaria em um processo de regressão ao infinito. Diante de tal problema, os gregos se veem às voltas com algo que escaparia à própria explicação racional – fato que contribuiu decisivamente para que os primeiros filósofos começassem, então, em uma espécie de "recaída no pensamento mítico", a exercer um pensamento especulativo sobre a causa primeira. A título de especulação, alguns dirão que a causa primeira seria a **água**, outros o **ar**, ao passo que, para outros, tal causa seria o **átomo** etc. Portanto, a filosofia pré-socrática nasce marcada por especulações sobre a causa primeira da *physis*, fato que indiscutivelmente reaproximaria os primeiros pensadores do caráter especulativo do pensamento mítico.

Apesar dessa recaída em um discurso especulativo, característico do pensamento mágico-religioso, os primeiro filósofos, ao se voltarem para a *physis*, procuram explicação a partir de causas puramente naturais, um discurso cuja marca inconfundível passaria a ser não a presença do elemento mágico (ou religioso), mas sim a presença marcante do *logos*, termo grego cujo sentido é bastante variado; grosso modo, remete-nos à ideia de racionalidade (ou de um discurso racional) sobre as coisas. Donde deriva o nosso termo *lógica* e também a terminação dos diversos campos do saber científico: antropologia, biologia, fisiologia etc. Parte-se agora da concepção segundo a qual a natureza seria a expressão do *cosmos*, termo grego que significa ordem, organização, harmonia, beleza etc. Por ser uma realidade ordenada, em que os fenômenos estariam harmoniosamente encadeados em termos de causa e efeito, os primeiros filósofos propõem uma investigação que busca o engendramento de um discurso racional sobre a *physis*, viabilizando, com isso, um conhecimento racional da mesma.

Por fim, talvez a característica mais marcante dessa nova forma de pensar entre os gregos seja a presença do caráter crítico. Se no pensamento mítico (ou mágico-religioso) o mito se apresenta, enquanto concepção de mundo, como uma presença absoluta, como um modelo de referência que permite ao grego dar sentido ao mundo ao seu redor, não se prestando a qualquer tipo de questionamento, com o pensamento filosófico-científico, deparamo-nos com uma forma de pensar que passa a comportar a possibilidade de uma revisão crítica do que já havia sido pensado. Conforme veremos, no pensamento filosófico-científico será comum um discípulo discordar de seu mestre em relação ao encaminhamento dado a alguma questão. Abre-se, portanto, a possibilidade de se revisitar um dado problema em questão, fato que, no pensamento mítico, seria inviabilizado pela presença absoluta do mito como referência para entendimento da realidade.

Podemos, então, a título de conclusão, apresentar as seguintes considerações iniciais sobre o pensamento filosófico-científico (ou lógico-racional): os primeiros filósofos estão, inicialmente, concentrados em torno da *physis*; adotando um modelo de explicação causal acerca dos fenômenos da natureza; constatam que tal modelo de explicação não permite conhecer a causa primeira em termos racionais, fato que os leva a dar início a uma especulação sobre a *arché*, ou seja, a origem da *physis*; entendem que a própria natureza seria uma expressão do *cosmos* por causa do seu caráter de ordenação, de organização dos fenômenos; e é por isso que a natureza – enquanto uma realidade ordenada – poderia ser conhecida racionalmente; engendra-se, com isso, um discurso racional, um *logos* sobre a *physis*; tem-se, portanto, uma nova forma de pensar que se encontra permanentemente às voltas com os problemas, em um movimento contínuo marcado pelo caráter crítico.

Bibliografia

COLLI, G. *O nascimento da Filosofia*. Campinas: Editora da UNICAMP, 1975.

DETIENNE, M. *Os mestres da verdade na Grécia arcaica*. Rio de Janeiro: Jorge Zahar Editor, 1988.

VERNANT, J-P. *As origens do pensamento grego.* São Paulo: DIFEL, 1984.

VEYNE, P. *Acreditavam os gregos em seus mitos?* Lisboa: Edições 70, 1987.

Sugestão de Leitura

LLOYD-JONES, H. (org.). *O mundo grego*. Rio de Janeiro: Zahar Editores, 1977.

RONAN, C. *História ilustrada da ciência. Das origens à Grécia.* Rio de Janeiro: Jorge Zahar Editor, 1987.

Temas para Debate

1. Pensamento religioso e pensamento laico.
2. A explicação causal e seus limites.
3. O problema da origem do universo.
4. Dogmatismo e senso crítico.

4

Os filósofos pré-socráticos

> *Dos primeiros filósofos, a maioria considerou os princípios da natureza material como sendo os únicos princípios de tudo o que existe... Nem todos eles concordam, porém, quanto ao número e à natureza desses princípios.* (Aristóteles, *Metafísica*)

Do ponto de vista da história da filosofia, convencionou-se chamar de Período Pré-Socrático o período que se desenvolve do século VI a.C até o século IV a.C. Trata-se, em termos gerais, do período em que vemos surgir os primeiros filósofos do Ocidente. A principal dificuldade para o estudo dos pré-socráticos encontra-se na própria escassez de fontes, de documentações, de registros em linguagem escrita sobre os primeiros textos filosóficos da nossa tradição no Ocidente. Mesmo com a chegada do papel – trazido como mercadoria pelos egípcios – entre os gregos, levaria ainda algum tempo para que se habituassem a transmitir seus pensamentos por linguagem escrita, rompendo com a tradição oral do Mundo Mítico. Basta dizer que o famoso Sócrates, ainda no século IV a.C, mantinha-se fiel a esta tradição ao transmitir seus ensinamentos unicamente por linguagem oral. Além disso, boa parte dos fragmentos dos filósofos pré-socráticos se perdeu, sobretudo, após a invasão bárbara à Biblioteca de Alexandria – instituição responsável por reunir, durante sete séculos (entre os anos de 280 a.C e 416 d.C), o maior acervo de cultura e de ciência que existiu na Antiguidade.

Diante dessas dificuldades, os comentadores e historiadores da filosofia comumente trabalham com duas fontes principais para o estudo dos filósofos pré-socráticos: os *fragmentos* e a *doxografia*. Os fragmentos são, como o nome já diz, trechos de textos escritos, muitas vezes sob a forma de poemas ou de aforismos, pelos próprios filósofos pré-socráticos. Por exemplo, um pequeno trecho do texto escrito por Anaximandro ou o que nos chegou do poema de Parmênides, e assim por diante. Apesar de ser a fonte principal para o estudo dos filósofos pré-socráticos, os fragmentos trazem-nos apenas uma parte, um trecho, algumas linhas do que escreveram aqueles pensadores. Uma segunda fonte para o estudo dos pré-socráticos é a doxografia (vem do grego *doxa*, que significa opinião). Trata-se da opinião (citações, menções e testemunhos) dos filósofos posteriores ao aparecimento de Sócrates (os pós-socráticos) sobre o que pensaram os filósofos anteriores a Sócrates (os pré-socráticos). É, portanto, o relato de Platão acerca do pensamento de Parmênides ou mesmo o testemunho de Aristóteles sobre o que teria pensado Tales de Mileto. Trata-se do que se convencionou chamar, na história da filosofia e na filologia clássica, de tradição indireta no estudo da filosofia pré-socrática. Seja como for, mesmo com o auxílio dessas fontes, o estudo dos filósofos pré-socráticos coloca-nos sempre diante do desafio de ter de lidar com a escassez de informações mais precisas do por quê de um determinado pensador pré-socrático ter se ocupado especificamente com a formulação daquele problema, ter dado tal título a sua obra, ter dito especificamente aquilo que disse etc. Não encontramos, portanto, no momento em que nos lançamos sobre o pensamento dos pré-socráticos, um grande sistema ou tratado filosófico, sistematicamente organizado, mas, sim, apenas fragmentos e opiniões de outros filósofos que, conjuntamente, nos ajudam a decifrar o que há de originário na preocupação dos precursores da filosofia no Ocidente.

Um olhar panorâmico sobre a filosofia dos pré-socráticos permite-nos perceber, ao menos, três momentos importantes: (a) a especulação pré-socrática sobre a *arché*, isto é, o elemento primordial da natureza; (b) as discussões sobre ontologia (investigação racional sobre o Ser), bem como a polêmica com o mobilismo e o pluralismo a partir de Parmênides de Eleia; (c) e, por fim, a chegada dos sofistas a Atenas, a ênfase no relativismo gerado pela manipulação do discurso e a crise que se produziu na filosofia pré-socrática com o advento da sofística. Comecemos, então, pelo primeiro desses três momentos.

Grosso modo, os manuais anunciam-nos que a filosofia dos pré-socráticos estaria dividida em duas fases principais, sendo que a primeira dessas fases estaria, por sua vez, subdividida em duas grandes escolas: a Escola Jônica e a Escola Italiana. Na Escola Jônica, encontramos os pensadores originários da região da Jônia, na Ásia Menor, região na qual nasce, conforme vimos, a filosofia entre os gregos. Encontramos, entre os pensadores da Jônia, uma preocupação específica com a *physis*, mais precisamente, tal como acompanhamos no capítulo anterior, com uma tentativa de explicar a natureza a partir de causas puramente naturais, tentativa que conduziria – a partir de uma pergunta pela origem – os primeiros filósofos a exercer uma especulação sobre a *arché* (termo grego que significa origem, causa primeira, fundamento etc.). Tal interesse em pensar a *physis* levaria Aristóteles a chamar os filósofos jônicos de fisiólogos. Em outros termos, talvez pudéssemos considerá-los filósofos da natureza.

Segundo a doxografia aristotélica, o primeiro filósofo teria sido Tales de Mileto. Para Tales, natural da cidade de Mileto, a *arché* da natureza seria a **água** (noção grega de *hydron*). Essa seria, dentre todas as substâncias da natureza, a mais elementar. Os comentadores especulam que Tales teria, ao eleger a água como elemento primordial da *physis*, intuído a importância da água para o corpo humano, dada a sua presença em outras substâncias. Há também especulações de que

Tales teria feito incursões pelo Oriente e tomado contato com povos para os quais os rios representariam elementos sagrados, o que fez com que concluísse o valor primordial da água. Ainda em Mileto, encontramos a figura de Anaximandro, discípulo de Tales. Para Anaximandro, a *arché* seria o que em seus fragmentos aparece com o nome de *apeíron* (termo grego que significa o indeterminado, o ilimitado, o infinito). Mas, afinal, o que Anaximandro estaria querendo dizer ao apontar o *apeíron* como causa primeira? Alguns comentadores afirmam que talvez ele estivesse querendo dizer que o infinito (ilimitado ou indeterminado) encontra-se virtualmente presente em tudo o que há no mundo, podendo cada uma das substâncias dividir-se em infinitas partes. Haveria, portanto, segundo essa leitura, algo de ilimitado (ou indeterminado) nas coisas. Cabe lembrar, uma vez mais, que a escassez de informações a respeito da filosofia dos pré-socráticos tende a ampliar, inspirando-se nessas filosofias, as especulações sobre o que afinal os levou a pensar o que pensaram. Discípulo de Anaximandro, também da cidade de Mileto, Anaxímenes elegeu o **ar** (*pneuma*) como a causa primeira da *physis*. Enquanto substância inextensa, o ar estaria presente em toda parte, sendo, portanto, o que haveria de mais elementar na natureza. Com frequência, os comentadores se referem a esses três pensadores jônicos pelo termo Trio de Mileto (ou Os Milésios), por serem naturais de Mileto, na região da Jônia.

Ainda na Escola Jônica, deparamo-nos com os nomes de Xenófanes de Colofom e Heráclito de Éfeso. Para Xenófanes, a **terra** seria o elemento primordial da natureza. Para ele, tudo teria começado dela e a partir dela. Já para Heráclito, a *arché* aparece sendo o **fogo** (*pyr*). Cabe lembrar que Heráclito é um dos principais representantes de uma filosofia que, no Mundo Antigo, se convencionou chamar de *mobilismo*. Como o nome já diz, representante de uma filosofia segundo a qual o movimento encontra-se em toda parte, de modo que coisas estariam permanentemente em constante devir. Nesse sentido, o fogo aparece como uma metáfora. Enquanto energia que se autoconsome, o fogo representaria o dinamismo de tudo o que há no universo. Falaremos mais detalhadamente de Heráclito no próximo capítulo, devido a sua importância para a filosofia dos pré-socráticos.

Ainda na primeira fase da filosofia pré-socrática, deparamo-nos com a Escola Italiana. Mas por que italiana se estamos tratando da filosofia grega? O termo Escola Italiana é referente à filosofia dos pensadores pré-socráticos naturais da região da Magna Grécia, ou mesmo dos pensadores que acabaram migrando para essa região. Trata-se de uma colônia grega, de um território que, nos dias de hoje, corresponde à região da Itália, mas que, no século VI a.C, estava sob o domínio dos gregos. Se a Escola Jônica prima por uma preocupação com a *physis*, ou seja, por uma especulação acerca do elemento primordial da natureza, na Escola Italiana, deparamo-nos com a aceitação de uma visão de mundo mais abstrata, prenunciando, em certo sentido, sobretudo no caso dos filósofos eleatas (naturais da cidade de Eleia), o surgimento da metafísica e da lógica. Entre os pensadores itálicos, destacam-se dois nomes importantes: Pitágoras de Samos e Parmênides de Eleia.

Pode-se dizer que, no Mundo Antigo, a figura de Pitágoras é quase que uma figura lendária. Ele foi o criador de uma sociedade semi-iniciática, marcada por ritos de iniciação para a aceitação de seus membros, e essa sociedade pitagórica traz uma série de elementos de cunho religioso. Para Pitágoras, só a linguagem da matemática – pelo seu caráter coeso e formal – poderia expressar a harmonia (ordem e perfeição) do cosmos. Nesse sentido, para Pitágoras, o número é concebido como elemento primordial, podendo tudo o mais no universo ser expresso em termos numéricos. Há quem diga que o fascínio de Pitágoras pela matemática nascera quando o mesmo ainda era criança, ao admirar o seu pai – cujo ofício era o de joalheiro – trabalhar na lapidação de pedras preciosas. As formas geométricas das pedras teriam, segundo contam alguns comentadores, encantado Pitágoras, despertando-lhe, desde cedo, para a ideia de que tudo na natureza poderia ser expresso em linguagem matemática. Pode-se dizer então que a relação de Pitágoras com a matemática é sagrada. Vemos aí a presença do elemento religioso na sociedade pitagórica. Sabe-se que Pitágoras fora fortemente influenciado pela religião órfica. O Orfismo representa uma das tradições religiosas mais milenares do Ocidente. Trata-se de um movimento religioso-teosófico constituído por seitas e por comunidades fechadas, dentro das quais eram promovidas práticas para a celebração de cultos ao deus Dionísio. O termo *orfismo* deriva do nome do poeta mítico trácio Orfeu, a quem os historiadores atribuem a fundação desse movimento religioso. Os orfistas acreditam que os homens trazem em si uma *psyché*, aqui entendida como uma marca dos deuses em nós. Somente a prática religiosa, o hábito de viver como Orfeu viveu, poderia purificar a alma, de maneira que, com o falecimento do corpo, a alma pudesse retornar de onde veio, religando-se aos deuses. Mas caso os homens não tivessem êxito em alcançar tal purificação, com o falecimento do corpo, a alma reencarnaria em outro corpo. Trata-se do que os gregos chamavam de *metempsicose* (ou *transmigração das almas*), termo que nós conhecemos popularmente pelo nome de *reencarnação*. Na sociedade pitagórica, admite-se que o estudo exaustivo da matemática levaria a tal purificação da alma, havendo, portanto, um comprometimento religioso dos pitagóricos com a linguagem da matemática. Além de ser uma das figuras de maior destaque no Período Pré-Socrático, conforme veremos mais à frente, Pitágoras exerceu fortes influências sobre a filosofia de Platão, inspirando-lhe para a formulação da Teoria das Ideias.

Um segundo nome de destaque na Escola Italiana é o de Parmênides de Eleia. Para muitos, é com Parmênides que se inicia o que em filosofia chamamos de ontologia (investigação racional sobre o Ser).

É também considerado um precursor da lógica no Ocidente. Com a filosofia de Parmênides surge, no Período Pré-Socrático, toda uma discussão sobre o movimento e a permanência da realidade. Afinal, seria o movimento a essência de tudo o que há na natureza? Ou, como prefere Parmênides, o movimento pressuporia a permanência? Para o filósofo eleático, o movimento pressupõe a permanência, cabendo ao filósofo, por meio de investigação racional, pensar tal permanência, a saber, o Ser. Aqui nos deparamos com a introdução da distinção entre *aparência* e *realidade*. Se o movimento é apenas aparente, revelado por nossos sentidos, a verdadeira realidade revela-nos, por meio da razão, que só o Ser é. Nesse sentido, Parmênides conclui, para além do movimento aparente, que a verdadeira realidade para a qual o filósofo se volta é Una e Imutável. Falaremos mais detalhadamente da filosofia de Parmênides no capítulo VI. Tal como Pitágoras, a filosofia de Parmênides exerceria, de certo modo, forte influência sobre o pensamento de Platão.

A segunda fase da filosofia pré-socrática é fortemente marcada por uma inspiração mobilista, por pensadores que compartilham a tese segundo a qual a essência da realidade é o movimento. As coisas tendem, pelo fato de estarem submetidas ao fluxo do tempo, a uma mudança contínua, estando em constante transformação. Três nomes se destacam nessa segunda fase do pensamento pré-socrático: Demócrito, Empédocles e Anaxágoras.

Demócrito de Abdera é o iniciador de uma doutrina que, no Mundo Antigo, se convencionou chamar de atomismo, doutrina essa que seria retomada séculos mais tarde pela ciência moderna. Com o atomismo de Demócrito, parte-se da ideia de que o movimento que está em tudo é, invariavelmente, o resultado de um processo contínuo entre os átomos, concebidos como substâncias elementares, simples e, portanto, indivisíveis. Trata-se de um processo de atração e repulsão. O movimento seria, para Demócrito, o resultado desse processo, com a diferença de que, ao contrário do que a Ciência Moderna atestaria mais tarde, átomos semelhantes se atrairiam, ao passo que átomos opostos se repeliriam. O atomismo formaria também uma das escolas mais importantes da segunda fase do Período Pré-Socrático.

Anaxágoras de Clazomena é, tal como os demais pensadores da segunda fase, um adepto do mobilismo. E, para explicar o movimento, lança mão de uma concepção que lembra a concepção do atomismo de Demócrito, pois trabalha também com a ideia de substâncias elementares. Para Anaxágoras, o movimento seria resultado de um processo de combinação e separação de uma multiplicidade infinita de elementos aos quais denominou de *homeomerias* (substâncias de partes iguais).

E, por fim, Empédocles de Agrigento. É conhecido por sua famosa Doutrina dos Quatro Elementos. Para Empédocles, o movimento de tudo o que há na natureza é resultado de uma combinação dos quatro elementos primordiais: **terra**, **ar**, **fogo** e **água**. Esses elementos são concebidos como raízes (*rizómata*) de todas as coisas, de modo que, de sua combinação, resulta a pluralidade do mundo natural. A Doutrina dos Quatro Elementos seria, séculos mais tarde, no Período Medieval, retomada pela Astrologia para se pensar os signos relacionados aos planetas.

A filosofia pré-socrática inicia-se, então, marcada por duas preocupações principais: a especulação sobre o elemento primordial da *physis* e toda uma discussão do movimento e da permanência da realidade. Afinal, seria o movimento a essência de tudo o que há, como defendem as filosofias mobilistas? Ou, como prefere Parmênides, o movimento pressuporia a permanência, e essa, por sua vez, constituiria a verdadeira realidade? É o que nós iremos examinar mais detalhadamente a partir de agora, concentrando-nos, primeiramente, no mobilismo de Heráclito e, em seguida, na ontologia de Parmênides.

Bibliografia

BORNHEIM, G. A. *Os filósofos pré-socráticos*. São Paulo: Cultrix, 1994.

JOSÉ DOS SANTOS, M. *Os pré-socráticos*. Cadernos de Textos. Juiz de Fora: Editora da UFJF, 2001.

KIRK, G. S. & RAVEN, J. E. *Os filósofos pré-socráticos*. Lisboa: Fundação Calouste Gulbenkian, 1990.

LAÉRCIO, D. *Vidas e doutrinas dos filósofos ilustres*. Brasília: Editora da UnB, 1988.

SUGESTÃO DE LEITURA

BURNET, J. *O despertar da filosofia grega*. São Paulo: Siciliano, 1994.

LUCE, J. V. *Curso de filosofia grega. Do século VI a.C ao século III d.C*. Rio de Janeiro: Jorge Zahar Editor, 1994.

Temas para Debate

1. Religião e racionalidade: conciliáveis ou excludentes?
2. Pode o movimento não pressupor a permanência?
3. Sobre o fundamento da distinção entre *aparência* e *realidade*.
4. O sensível e o racional como fontes de conhecimento.

5

O mobilismo de Heráclito

Nos mesmos rios entramos e não entramos, somos e não somos... Não é possível entrar duas vezes no mesmo rio. (Heráclito, *Fragmentos XLIX e L*)

Natural da cidade de Éfeso, na região da Ásia Menor, território hoje pertencente à Turquia, Heráclito é, no Período Pré-Socrático (também conhecido como Período Arcaico), um dos principais representantes da concepção filosófica que se convencionou chamar de *mobilismo*. Não existe um consenso em relação à data do seu nascimento e da sua morte. No entanto, costuma-se fixá-las, respectivamente, por volta dos anos de 544 e 474 a.C. Seja como for, os fragmentos de Heráclito revelam-nos mais um filósofo associado ao século VI do que ao século V a.C. Segundo a doxografia, trata-se de um dos aristocratas que resolvem, descontentes com os conflitos intensificados nos grandes centros, migrar para o campo, optando por uma vida bucólica, na qual se ocuparia do exercício contemplativo da natureza (*physis*). Há relatos de que teria herdado o governo de Éfeso, mas que decidira abdicar do mesmo em favor de seu irmão. Teria, assim, se afastado não apenas da vida política de sua cidade, mas também do convívio humano, passando a habitar, tal como um eremita recluso, as montanhas vizinhas a sua cidade. É nesse retiro, portanto, que se ocupa em escrever o seu livro. Esses relatos contam-nos que Heráclito somente retornaria à cidade de Éfeso após a conclusão da obra, com o intuito de depositá-la no templo de Átemis em honra à deusa. Devido ao hábito de transmitir seus ensinamentos por uma linguagem excessivamente metafórica, tornando, muitas vezes, seus fragmentos incompreensíveis e enigmáticos, Heráclito ficou conhecido como *o obscuro*. Expõe sua doutrina filosófica por meio de aforismos (sentenças curtas e densas) de difícil compreensão e variadas possibilidades de interpretação. É preciso lembrar, contudo, que boa parte do que conhecemos do pensamento de Heráclito nos foi passado por outros filósofos, por meio de relatos, testemunhos e citações. Conforme dissemos no capítulo anterior, no que se refere aos filósofos pré-socráticos, boa parte de suas obras se perdeu ao longo do tempo, não resistindo à derrocada das civilizações antigas e ao consequente desaparecimento de suas bibliotecas, restando-nos apenas alguns de seus fragmentos.

Segundo nos conta Diógenes Laércio, em sua célebre obra *Vidas e doutrinas dos filósofos ilustres*, Heráclito teria intitulado o seu livro de *Acerca da natureza*. No Período Pré-Socrático, Heráclito pode ser considerado, juntamente com os atomistas (particularmente, com Demócrito de Abdera), um dos principais representantes do mobilismo. Como vimos no capítulo anterior, em linhas gerais, o mobilismo defende a tese segundo a qual o movimento seria a marca inconfundível da realidade natural, de maneira que todas as coisas estariam continuamente sob um processo de transformação. As coisas tenderiam, pelo simples fato de estarem submetidas ao fluxo do tempo, a um processo contínuo e ininterrupto de devir... de vir a ser outra coisa permanentemente. No momento em que são, por estarem submetidas a uma dimensão temporal, as coisas não mais seriam, deixando de ser o que eram para se tornar outra coisa, em um processo sem fim. Assim as coisas são e, em seguida, não são mais, passando do "ser" ao "não ser"* e vice-versa. Esse seria o sentido da famosa frase atribuída a Heráclito: "Panta Rei" (Tudo Passa!). De acordo com o seu mobilismo, "nada é o mesmo". Tudo tende, de forma permanente, à mudança e, deste modo, a não se repetir. É preciso lembrar que, sobretudo, a partir da leitura feita por Platão, em seu diálogo intitulado *Crátilo* (supostamente, um admirador da filosofia de Heráclito), é que a filosofia de Heráclito sofreria a interpretação que se tornaria hegemônica no Ocidente: a filosofia mobilista do "tudo flui". O famoso fragmento L, conhecido como fragmento do Rio, é comumente citado pelos comentadores como o fragmento que ilustra tal concepção mobilista, ao nos trazer a seguinte mensagem: "Não é possível entrar duas vezes no mesmo rio". Ou seja, não podemos nos banhar duas vezes no mesmo rio, pois o rio no qual nos banhamos pela segunda vez já não é mais o mesmo rio no qual nos banhávamos na primeira vez. E, consequentemente, de acordo com o modo como a tradição filosófica do Ocidente entendeu tal fragmento, com a mudança do rio, acrescenta-se ainda que "nós já não seríamos também mais os mesmos". Tal fragmento refletiria, portanto, o dinamismo contínuo inerente à realidade natural. Para representar tal dinamismo, Heráclito propõe, na linha especulativa dos primeiros filósofos pré-socráticos da Escola Jônica, o **fogo** (*pyr*) como elemento primordial da *physis*. O fragmento XXIII ilustra tal proposta: "Deus: dia-noite, inverno-verão, guerra-paz, saciedade-fome, mas se altera como fogo quando se confunde à fumaça, recebendo um nome conforme o gosto de cada um". Portanto, em termos metafóricos, o fogo – enquanto energia que queima e se autoconsome – representaria o referido dinamismo que há em tudo na natureza.

---

* N.E.: Aqui mantido o hífen para facilitar o entendimento e a leitura, e não perder o sentido.

Na linha do pensamento filosófico-científico, apesar de preservar elementos que lembram o pensamento mítico (ou mágico-religioso), Heráclito enfatiza, em seus primeiros fragmentos, a presença soberana do *logos*, da racionalidade, de uma Razão Universal. Daí nos dizer, já no início de sua obra, no famoso fragmento I que: "Ouvindo não a mim, mas ao *logos*, é sábio concordar ser tudo-um". E, mais à frente, no fragmento II, afirma-nos que: "...todas as coisas vêm a ser segundo este *logos*". É preciso, portanto, ouvir a voz que vem do *logos*, aqui entendido como uma espécie de princípio unificador do real e elemento básico da racionalidade do cosmos. Trata-se de um princípio que rege tudo o que há no universo, que tem o poder de unificar tudo, de relacionar e ligar todas as coisas umas às outras. É, portanto, a Lei Universal (única) que governa, dirige e orienta todas as coisas. Sob um estado contínuo de devir, as coisas estariam em contínua transformação sob a égide dessa Razão Universal, que é o próprio *logos*. Assim, tudo é movimento, tudo está em fluxo, mas a realidade possuiria uma unidade básica, uma unidade na pluralidade. Tal unidade pode também ser entendida como a unidade dos opostos. Heráclito vê a realidade marcada pelo conflito (*pólemos*) entre os opostos, mas tal conflito deve aqui ser entendido não no sentido negativo (no sentido de anulação), e sim como uma harmonia dos contrários, no sentido de uma equivalência ou equilíbrio dos opostos. Tudo está sob mudança e nada pode mudar sem que, com a mudança, deixe de ser o que é para se tornar o oposto do que era. Trata-se da passagem contínua das coisas de um contrário ao outro. Com a mudança, o que era quente passou a ser frio; o que era dia passou a ser noite; o que era claro passou a ser escuro, e vice-versa, em um processo contínuo. Não há mudança sem que a mesma ocorra na harmonia dos movimentos contrários. Portanto, Heráclito tenta conciliar, em seu mobilismo, a tendência ao movimento de todas as coisas com essa lei invariante e universal da harmonia dos contrários, princípio unificador da realidade. Então, pode-se dizer que, em seu mobilismo, sem negar a unidade, Heráclito concebeu como verdadeiras a mudança e a multiplicidade atestadas pelos sentidos. A existência do movimento e a existência da pluralidade do real são parte de nossa experiência das coisas, e Heráclito parece ser um filósofo que valoriza a experiência sensível. Toda mudança é, com isso, mudança que se faz obrigatoriamente passando pela equivalência dos opostos, ou melhor, passando do que a coisa é para o seu oposto, passagem contínua das coisas de um contrário ao outro. Nos termos de Heráclito: "As coisas frias esquentam-se, o quente esfria-se, o úmido seca, o seco umidifica-se" (fragmento LII). A tradição da história da filosofia no Ocidente, sobretudo a partir de Hegel, viu em Heráclito o primeiro filósofo a desenvolver um pensamento dialético, por valorizar a unidade dos opostos que se integram e não se anulam, e por ver no conflito a causa do movimento no real. Isso caracterizaria, segundo essa leitura, uma espécie de *dialética da natureza*, embora o próprio Heráclito não chegue a empregar em seus fragmentos o termo *dialética*, aparentemente encontrado pela primeira vez apenas em Platão. Conforme veremos mais à frente, o termo dialética aparece-nos, com Sócrates, claramente formulado para designar o método socrático de questionamento incessante, cujo objetivo maior seria o de levar o interlocutor a reconhecer a insuficiência de suas opiniões e, com isso, a reconhecer a sua própria ignorância, ingressando, a partir daí, no caminho da filosofia.

Os fragmentos de Heráclito comportam, em algumas de suas passagens, trechos no qual o filósofo de Éfeso estaria sugerindo – ao ressaltar a harmonia dos contrários – certo relativismo, afirmando-nos sentidos contrários acerca das coisas: "Água do mar: a mais pura e a mais impura; para os peixes, potável e vital, para os homens, impotável e deletéria" (CXV). É como se Heráclito nos dissesse que não há um sentido mesmo nas coisas. O sentido das mesmas torna-se algo que varia de acordo com o ponto de vista, podendo ora ter um sentido, ora ter outro. Talvez por este aspecto, presente em alguns de seus fragmentos, certos comentadores tenham defendido a tese de que haveria, na filosofia mobilista, uma inspiração para os sofistas, educadores para os quais o sentido da realidade se modificaria de acordo com a mudança no discurso proferido pelo homem.

Seja como for, a tradição filosófica no Ocidente se acostumou, sobretudo, a partir do diálogo *Crátilo* de Platão, a opor o mobilismo de Heráclito (representante da filosofia do devir) ao pensamento de Parmênides, filósofo natural de Eleia, para quem o movimento pressupõe a permanência. E é em torno desse pensamento que iremos nos deter, de forma mais detalhada a seguir.

Bibliografia

BÄCHLI, A. Heráclito – Unidade dos opostos. Em: Erler, M. & Graeser, A. *Filósofos da antiguidade I. Dos Primórdios ao Período Clássico*. São Leopoldo: Editora UNISINOS, 2005.

COSTA, A. *Heráclito. Fragmentos contextualizados*. Rio de Janeiro: DIFEL, 2002.

LUCE, J. V. *Curso de filosofia grega. Do século VI a.C ao século III d.C*. Rio de Janeiro: Jorge Zahar Editor, 1994.

LEGRAND, G. *Os pré-socráticos*. Rio de Janeiro: Jorge Zahar Editor, 1991.

Sugestão de Leitura

Burnet, J. *O despertar da filosofia grega*. São Paulo: Siciliano, 1994.

Heráclito. *Fragmentos – Sobre a natureza.* Em: Coleção Os Pensadores – Pré-Socráticos. São Paulo: Abril, 1973.

Temas para Debate

1. Se tudo está sob mudança, estaríamos livres do *relativismo*?
2. Mobilismo e invariância na filosofia de Heráclito.
3. A concepção dialética da harmonia dos contrários.
4. O lugar da experiência sensível no mobilismo de Heráclito.

6

Parmênides de Eleia e a ontologia

> *E agora vou falar; e tu escuta as minhas palavras e guarda-as bem, pois vou dizer-te dos únicos caminhos de investigação concebíveis. O primeiro que [o Ser] é e que o não ser não é; este é o caminho da convicção, pois conduz à verdade. O segundo, que não é, é, e que o não ser é necessário; esta via, digo-te, é imperscrutável; pois não podes conhecer aquilo que não é* (**Parmênides**, Fragmento II)

Parmênides é, sem dúvida, juntamente com Heráclito, um dos filósofos de maior expressão no Período Pré-Socrático. Natural de Eleia, na região da Magna Grécia (território que, nos dias de hoje, pertence à Itália, mas que, à época, pertencia aos gregos), Parmênides nasceu por volta de 515/510 a.C, morrendo na segunda metade do século V antes da nossa era. Segundo o testemunho de Diógenes Laércio, tudo indica que Parmênides procedia de uma família rica e aristocrática, tendo se convertido à filosofia por intermédio de um pitagórico chamado Amínias. Há também relatos de que teria sido discípulo de Xenófanes, considerado por alguns como o precursor da escola eleática da qual Parmênides fora o fundador. Parmênides teria, segundo fontes doxográficas, participado ativamente da política, da legislação e do governo em sua terra natal, escrevendo a constituição para a cidade de Eleia. Nessa mesma cidade, Parmênides criara uma escola cuja doutrina exerceria significativa influência no desenrolar do pensamento filosófico no Mundo Antigo.

Para veicular a sua doutrina, Parmênides optou – contrariando a tradição iniciada pelos milésios de produzir textos filosóficos em prosa – pela poesia (versos hexâmetros), deixando-nos um poema intitulado *Sobre a natureza*, o mais extenso texto dos pré-socráticos que chegaram até nós. Além de uma introdução alegórica (um proêmio) que relata a viagem de um jovem pelos caminhos da noite e do dia, conduzido num carro acompanhado pelas musas, ao encontro da divindade (a Justiça), o poema estaria dividido em duas partes: *Da verdade* e *Da opinião*. Cada uma das partes representa um caminho aberto à investigação filosófica. Conforme veremos mais à frente, o primeiro caminho é o da verdade absoluta – "(O Ser) é e é impossível que não seja" e "(O não ser) não é e é necessário que não seja". Tal caminho deve ser acompanhado de perto por todo aquele que procura a verdade. Já o segundo caminho é o que não deve ser seguido, uma vez que se trata do caminho da falsidade absoluta (a via das opiniões), pois leva-nos a afirmar que "o não ser é", o que para Parmênides seria, do ponto de vista lógico, um absurdo. Resta-nos uma boa parte da primeira via de investigação do poema (sobre o Ser Uno e Imutável), ao passo que da segunda parte (sobre as explicações dos fenômenos, extraídas das doutrinas pitagóricas) apenas escassos fragmentos foram conservados. A presença de elementos místicos e proféticos, como a revelação da Deusa logo no prelúdio do referido poema, somado à apresentação sistemática de argumentos lógico-racionais para a demonstração de que a verdadeira realidade é una e imutável, mostra-nos a mistura do místico e do racional nos escritos de Parmênides. É responsável por um dos debates centrais da filosofia pré-socrática, ao negar, considerando a verdadeira realidade, a possibilidade do movimento e da pluralidade, produzindo uma polêmica com as correntes mobilistas. Sua doutrina exerceria, mais à frente, fortes influências sobre a filosofia de Platão. Seja como for, a chamada Escola de Eleia formaria novas gerações de seguidores dos ensinamentos de Parmênides. Dentre os seus discípulos mais ilustres, a história da filosofia destaca-nos a figura de Zenão de Eleia, responsável por apresentar, inspirando-se em Parmênides, argumentos racionais para mostrar que o *movimento* e a *pluralidade* aparente das coisas são uma ilusão produzida pelos sentidos, de modo que a verdadeira realidade seria imutável.

Parmênides é comumente lembrado pelos comentadores como o filósofo que, no Período Pré-Socrático, introduziu uma das distinções mais centrais em filosofia: a distinção entre *aparência* e *realidade*. É considerado também um precursor da lógica no Ocidente, introduzindo uma primeira versão do princípio de identidade, cuja importância é crucial na lógica aristotélica desenvolvida posteriormente e disseminada no curso do pensamento ocidental. Mas é, sem dúvida, com Parmênides, que vemos surgir a ontologia. Como já vimos, logia vem de *logos* que, em termos gerais, significa racionalidade, ao passo que onto significa ser. A ontologia seria, então, a julgar pelo caráter etimológico da palavra, uma "investigação racional sobre o ser". Mas a primeira pergunta que alguém faz ao se deparar com os escritos de Parmênides é a seguinte: de que *ser* ele nos fala? De um ser vivo? Do ser humano? Por hora, podemos adiantar que o Ser de que nos fala Parmênides em sua ontologia é um ser metafísico, que estaria para além do plano físico, que não poderia ser considerado a partir de dados empíricos, cabendo apenas concebê-lo no pensamento, deduzindo os seus atributos pelo exercício da razão. Parmênides se torna, com isso, responsável por deslocar, no Período Pré-Socrático, a filosofia das especulações sobre a natureza (*physis*) para uma discussão mais metafísica.

Ao introduzir, na história da filosofia, uma primeira concepção da distinção entre *aparência* e *realidade*, Parmênides remete-nos para a ideia segundo a qual o movimento, bem como a suposta pluralidade do real apreendidos pelos sentidos são meramente aparentes. A verdadeira realidade somente seria revelada por intermédio do uso do razão. Se a visão sensível revela-nos o que é meramente aparente, a visão racional viabiliza-nos o acesso à realidade (em seu sentido mais básico, mais abstrato), revelando-nos dados que a visão sensível enquanto tal não nos mostraria por meio da experiência. A julgar pelo que percepções, hábitos e impressões sensíveis nos mostram, deparamo-nos com o que é meramente aparente, aqui considerado como uma pluralidade de entes (ou de coisas) permanentemente em movimento, em um processo contínuo de transformação. Já o exercício do raciocínio não apenas nos revela – por meio da abstração do pensamento – dados que a experiência sensível enquanto tal não nos mostraria, mas também contraria o que ela própria nos apresenta. Para Parmênides, a razão revela-nos que a verdadeira realidade não é marcada pela pluralidade e pelo movimento, conforme poderiam sugerir as filosofias mobilistas, mas sim, aparece-nos como una e imutável. De certo modo, pode-se dizer que Parmênides tenta mostrar, com argumentações racionais, que o movimento aparente pressupõe a permanência (ou a imutabilidade). Assim, o movimento não poderia ser tomado como elemento mais básico para a definição da realidade. O que permanece é uma só coisa: o Ser (no sentido metafísico). Daí, muitos comentadores dizerem que, em contraposição ao mobilismo, a filosofia de Parmênides adotaria uma visão *monista* da realidade, ou seja, em vez de uma pluralidade de entes em movimento, a verdadeira realidade seria una e imutável. Dessa mesma realidade (una e imutável) seria impossível advir qualquer multiplicidade. Tal concepção monista contraria, por si só, a tese dos primeiros filósofos segundo a qual haveria uma substância primeira (originária) a partir da qual tudo o mais pudesse advir. Para Parmênides, permanecendo desde sempre como única realidade, ela continuaria como tal, sem qualquer justificativa para que pudesse, a partir de si mesma, dar origem a uma diversidade de coisas.

Apoiado em argumentações lógico-racionais, Parmênides mostra-nos que a tese mobilista, se considerada do ponto de vista lógico, revela-nos uma contradição, pois nos sugere que, em movimento, as coisas transformam-se continuamente, passando do que elas *são* para o que elas *não são* e vice-versa. Tal contradição estaria apoiada na consideração de que o movimento remete-nos para aquilo que não é, porque deixou de ser o que era, e não veio a ser ainda o que será; e, portanto, não é nada. A ideia de movimento sugere-nos, então, a passagem do ser ao não ser e do não ser ao ser, o que é, para Parmênides, inadmissível. Do ponto de vista lógico, há aí uma contradição, pois como poderia aquilo que *é,* não ser? E como poderia do não ser algum ser advir? Parmênides apoia-se em duas proposições para fundamentar sua argumentação. Trata-se da via da verdade, a via acerca da qual o filósofo ou todo aquele que busca a verdade jamais poderá se afastar. As proposições são as seguintes: "(O Ser) é e é impossível que não seja" e "(O não ser) não é e é necessário que não seja". Resumidamente, essas proposições poderiam ser, assim, descritas: "O ser é" e "O não ser não é". Dado que o predicado define a identidade do sujeito da proposição (o ser é aquilo que é e o não ser, o que não é), toda tentativa de contrariar o que essas proposições determinam incorreria em contradição lógica, pois o predicado da proposição contrariaria a definição do sujeito. Portanto, nós não poderíamos afirmar que "o ser não é" nem tampouco que "o não ser é". A ideia de movimento seria, então, uma ideia contraditória por nos afastar dessas proposições, contrariando o que as mesmas implicam do ponto de vista lógico. Se nos afastarmos da via da verdade, inevitavelmente incorreremos na via da opinião (segunda parte do poema), reforçando o que nossas percepções, hábitos e impressões sensíveis nos revelam. Portanto, para Parmênides, só o Ser é; o não ser não é nada e dele ser algum poderia advir.

Partindo desta argumentação, apoiando-se nas proposições descritas acima, Parmênides deduz tudo o que se pode afirmar sobre o Ser (única realidade), negando validade ao que se conhece por meio dos sentidos (isto é, as opiniões). Seguem, então, abaixo, cada um dos atributos do Ser, deduzidos na primeira parte do poema de Parmênides.

(a) *O Ser é Uno (Indivisível e Homogêneo)*, pois, se houvessem, ao menos, dois seres, como um princípio de diferenciação entre os dois, um teria de ter algo que faltaria ao outro; mas, se fosse assim, aquilo que distingue um do outro "é" no primeiro, mas "não é" no segundo. Se no segundo, porém, não é aquilo que no primeiro é, então, chegamos ao absurdo lógico de que o ser do primeiro não é no segundo. Mas como pode aquilo que é, não ser? Estaríamos, portanto, incorrendo em contradição.

(b) *O Ser é Eterno*, pois, se não fosse eterno, teria um princípio e teria um fim, ou seja, nasceria e morreria, o que significaria dizer que, antes de surgir, não era, passando a ser após o seu surgimento para deixar de ser em seguida após o seu fim. Mas tal possibilidade infringiria, passando do não ser ao ser e do ser ao não ser, o que determina o princípio de identidade ("o ser é" e "o não ser não é"), o que inevitavelmente implicaria em uma contradição lógica.

(c) *O Ser é Imutável*, pois, conforme vimos, aceitar o movimento implicaria em admitir a passagem do ser para o não ser e vice-versa; mas tal passagem implicaria, da mesma forma, em contradição, pois é impossível que o que é não seja; além disso, do não ser, ser algum pode advir, pois o não ser não é nada.

(d) *O Ser é Infinito (Ilimitado)*, pois, se fosse finito, teria limite. Mas o Ser não pode ter limite, pois, se possuísse limite, seria até este limite para em seguida deixar de ser, uma vez que, para além deste limite estaria o não ser. Mas como pode o Ser deixar de ser aquilo que é? E como poderia o não ser ser alguma coisa? Ambas as possibilidades incorreriam, novamente, em contradição, uma vez que infringiriam o princípio de identidade.

(e) *O Ser é Perfeito*, pois, do contrário, haveria no próprio Ser a ausência de alguma qualidade, o que caracterizaria uma imperfeição. Mas, se assim fosse, o Ser traria nele uma carência, o que significaria dizer que o Ser traria nele o não ser. Mas como pode aquilo que é não ser? Novamente, estaríamos incorrendo em contradição.

Portanto, para Parmênides, o Ser é Uno, Eterno, Imutável, Infinito e Perfeito. Só o Ser é e é impossível que não seja; o não ser não é nada e dele ser algum poderia advir. Por isso, é necessário que não seja. A verdadeira realidade é, então, Una e Imutável. Daí Parmênides dizer que "pensar e ser são uma só coisa", pois o pensamento não poderia tomar como objeto outra coisa que não fosse o Ser. O não ser não é nada e, por isso, não pode ser pensado. Tal consideração seria motivo de uma polêmica por parte dos pensadores pré-socráticos antieleáticos, particularmente, por parte dos sofistas que não deixariam de afirmar que podemos "pensar o que não é". Eis um terceiro momento importante da filosofia pré-socrática: o advento dos sofistas na Grécia Antiga. É o que examinaremos mais de perto a partir de agora.

Bibliografia

BORNHEIM, G. A. *Os filósofos pré-socráticos*. São Paulo: Cultrix, 1994.

GRAESER, A. Parmênides. Existência e Pensamento. Em: Erler, M. & Graeser, A. *Filósofos da Antiguidade I. Dos Primórdios ao Período Clássico*. São Leopoldo: Editora UNISINOS, 2005.

KIRK, G. S. & RAVEN, J. E. *Os filósofos pré-socráticos*. Lisboa: Fundação Calouste Gulbenkian, 1990.

LEGRAND, G. *Os pré-socráticos*. Rio de Janeiro: Jorge Zahar Editor, 1991.

Sugestão de Leitura

PARMÊNIDES. Fragmentos – sobre a natureza. Em: Coleção Os Pensadores – Pré-Socráticos. São Paulo: Abril, 1973.

LUCE, J. V. *Curso de Filosofia Grega. Do século VI a.C ao século III d.C*. Rio de Janeiro: Jorge Zahar Editor, 1994.

Tema para debate

1. *Aparência* e *realidade* na ontologia de Parmênides.
2. O movimento como ideia contraditória em Parmênides.
3. O *ser* no sentido metafísico na filosofia de Parmênides.
4. A dedução dos atributos do *ser* em Parmênides.

7
O advento dos sofistas: Protágoras e Górgias

> *A retórica ensina, em primeiro lugar, que o que conta não é o fato em si, mas o que dele aparece, aquilo que pode persuadir os homens.* (Guthrie, Os Sofistas)

A segunda metade do século V a.C é marcada por profundas transformações nas esferas cultural, intelectual e política na Grécia. Ainda como um reflexo dos acontecimentos do século VI a.C, acontecimentos a partir dos quais foi possível o surgimento da filosofia, começava a se anunciar um novo contexto social e político para os gregos, sobretudo, após o fim das guerras civis e do longo conflito entre Atenas e Esparta. O antigo ideal religioso e aristocrata – hegemônico no Mundo Mítico – já não atendia mais às expectativas dos gregos, cujas aspirações não podiam prescindir de um novo modelo de educação que preparasse o cidadão para a vida política. No Período Mítico, há o predomínio da aristocracia. O poder concentra-se em um grupo privilegiado de homens a quem caberia o exercício de deliberação de decisões, não havendo, em tal exercício, qualquer tipo de participação de homens que não possuíssem um vínculo com o círculo dos aristocratas. Tal poder era exercido na base da força física. A educação estava, fundamentalmente, restrita aos filhos desta aristocracia, tendo como objetivo maior prepará-los, por meio de treinamentos práticos, para agir na vida adulta como um autêntico aristocrata. Os ensinamentos eram transmitidos de geração a geração. Esta mesma tradição aristocrata mantinha-se fortemente ligada ao ideal religioso característico do Mundo Mítico. Trata-se, portanto, de uma organização social marcada por uma verticalização que concedia apenas aos aristocratas a participação na deliberação das principais decisões.

Como vimos no capítulo III, o século VI a.C abrigaria uma série de acontecimentos que, além de propiciarem o surgimento da filosofia, produziriam inevitavelmente modificações gradativas no contexto social, econômico e político dos gregos. Se, no Mundo Mítico, deparamo-nos como uma aristocracia, em uma organização social cuja economia era fundamentalmente baseada em uma agricultura rudimentar, os acontecimentos do século VI a.C, como a intensificação do comércio na região da Jônia, o desencadeamento das guerras civis que levariam mais à frente a um enfraquecimento da antiga aristocracia, somado à criação de centros culturais laicos por parte de homens não aristocratas que acenderam socialmente, contribuiriam decisivamente para a consolidação de um novo quadro social e político na Grécia, a partir da segunda metade do século V a.C.

Assume-se, no referido quadro, algo muito próximo do que poderíamos chamar pelo nome de *democracia* (cuja análise etimológica remete-nos para a seguinte significação: *kratos* – poder / *demo* – povo; portanto, o poder do povo). Se no Mundo Mítico, conforme vimos, tínhamos uma aristocracia, na qual o poder de decidir ficava a cargo de um círculo restrito de homens, com o novo modelo social e político, pelo menos em tese, todos os cidadãos passariam a ter o poder de opinar livremente, participando ativamente da vida política. A disputa sai do âmbito do poder físico – exercido pela aristocracia no Período Mítico – e desloca-se para o plano discursivo. Com isso, tem-se outra dinâmica, na qual os cidadãos se reúnem na *pólis* (cidade), em assembleias populares, para a apresentação de propostas e submissão das mesmas à votação, de maneira que a proposta eleita pudesse, então, representar a todos. Particularmente, a cidade de Atenas se torna, no século V a.C, a capital da prática desta democracia. O exercício de tal organização do poder político rapidamente seria copiado por outras cidades gregas. Mas, sem dúvida, é em Atenas que encontramos o centro da intelectualidade e da prática da democracia na vida política.

Neste novo modelo de organização do poder político, os cidadãos não podiam deixar, até mesmo para que pudessem ter uma participação mais efetiva na vida política, de expressar habilidades ligadas ao discurso. Em outras palavras: tornava-se de fundamental importância para o cidadão ateniense falar bem em público, além de demonstrar boa capacidade de argumentação perante os demais cidadãos nas assembleias. A carreira política de um cidadão estava, em grande parte, ligada a sua capacidade de exercer um bom domínio sobre o discurso. Tal fato não deixaria de exercer fortes influências sobre a concepção da formação educacional do homem grego, uma vez que, desde cedo, este homem deveria receber noções de civilidade, mas, sobretudo, deveria receber ensinamentos ligados às essas habilidades discursivas, preparando-se, com isso, para a atuação na política ao atingir a vida adulta.

É nesse momento que vemos, então, surgir a figura dos sofistas (do grego *sophos*, que significa sábios). Caberia fundamentalmente aos sofistas a missão de dar uma formação educacional ao cidadão ateniense. Os sofistas são, em linhas gerais, educadores. São mestres itinerantes, espécies de caixeiros viajantes. Onde chegam transmitem seus ensinamentos em troca de remuneração. São, portanto, educadores por profissão que viajam por toda a região da Grécia. São considerados os primeiros educadores do Ocidente que cobram para educar. Em função da especificidade dos ensinamentos que transmitem, são comumente conhecidos como *mestres do discurso*. São especialistas fundamentalmente na transmissão do ensino da oratória e da retórica. A oratória é a arte de falar bem em público, de ter um discurso com eloquência; ao passo que a retórica é a arte de argumentar bem, consistindo, portanto, em técnicas discursivas usadas para a persuasão ou convencimento. Os sofistas não deixariam de ver em Atenas – cidade marcada pela prática da democracia e pela valorização do discurso – um lugar próspero para o ensino das artes do discurso. Então caberia aos sofistas o papel de dar ao cidadão ateniense uma formação educacional (uma *Paideia*), preparando-o para a atuação na vida política.

Todos os sofistas cobravam para ensinar. Os mais renomados e, portanto, os mais hábeis com as palavras, cobravam mais caro, oferecendo seus serviços para aqueles cidadãos ligados às famílias de linhagem aristocrata; ao passo que, os sofistas menos renomados cobravam mais barato para ensinar aos cidadãos de origem mais modesta.

Dentre os sofistas mais renomados, destacam-se os nomes de Protágoras de Abdera (490-421 a.C) e Górgias de Leontinos (487-380 a.C). A obra mais conhecida de Protágoras intitula-se *Sobre a verdade*. Seu fragmento mais conhecido afirma-nos que: "O homem é a medida de todas as coisas, das que são como são e das que não são como não são". Tal fragmento remete-nos, ao menos, para duas teses centrais e complementares. Trata-se da defesa do humanismo e do relativismo da verdade. Ao afirmar que "o homem é a medida de todas as coisas", Protágoras queria dizer que a realidade encontra-se diretamente ligada ao modo como o homem a percebe. Para ser mais preciso, não há, na realidade, uma verdade propriamente dita sobre as coisas, conforme supõem os primeiros filósofos. O que chamamos por este nome é, no fundo, um sentido produzido pelo discurso proferido pelo homem. Sendo assim, é o homem quem determina os sentidos do seu mundo.

Fica ainda a polêmica se Protágoras estaria se referindo ao homem enquanto indivíduo (os sentidos variando conforme a variação do discurso de cada indivíduo) ou se estaria se referindo a uma concepção da natureza humana (cuja marca inconfundível seria esta tal capacidade para produzir, por meio do discurso, sentido para a realidade). Seja como for, remetemo-nos ao homem – tanto à sua percepção como ao discurso que profere – quando o assunto é a realidade que o cerca e, particularmente, os assuntos da vida prática. Vemos, então, que a ênfase nesse humanismo implica na tese de certo relativismo da verdade. O sentido dos acontecimentos é o efeito do discurso proferido pelo homem sobre estes mesmos acontecimentos. Tudo se reduz, então, às significações produzidas pela linguagem. Poderíamos dizer que, para os sofistas, "a verdade de hoje poderá ser a mentira de amanhã", caso o discurso proferido anteriormente fosse substituído por outro. Para os sofistas, tudo é convenção, podendo essas convenções produzidas pelos homens no seio da cultura variar, por meio de seus discursos, de uma cultura para outra.

Afinal, qual a verdade da prática do incesto? Os egípcios enaltecem tal prática, ao passo que os gregos a abominam. Tal fato mostra-nos que os acontecimentos ganham determinados sentidos a partir do estabelecimento de convenções que variam de uma cultura para outra. Não haveria, para os sofistas, outra instância a qual pudéssemos recorrer para tomar decisões na vida prática que não fosse a instância das opiniões que, por sua vez, variam de uma cultura para outra, de um indivíduo para o outro, e assim por diante. Daí a importância da retórica como técnica de persuasão, pois usando esta técnica, os homens podem fortalecer uma dada opinião em detrimento de outra. Tudo agora fica, então, reduzido ao campo do que os gregos chamavam de *doxa* (a opinião é o que é dito sobre algo tal como parece ser para alguém), de modo que a retórica seria a técnica utilizada para convencer os homens, no sentido de dar – por meio de argumentos persuasivos – sustentação a uma opinião em detrimento de outra.

Tal fato não deixa, sem dúvida, de produzir certo enfraquecimento da ideia de *verdade*, tão cara à filosofia. A realidade estaria, portanto, na perspectiva dos sofistas, em constante transformação, de acordo com a variação do discurso proferido pelos homens. Assim, talvez pudéssemos dizer – em relação ao debate dos pré-socráticos entre monismo e mobilismo – que os sofistas encontram-se muito mais próximos das filosofias mobilistas do que propriamente da aceitação de um monismo, tal como propusera Parmênides de Eleia. A continuação do fragmento de Protágoras parece sugerir tal proximidade, ao afirmar: "...das que são como são e das que não são como não são". Como vimos, no capítulo anterior, Parmênides afirma-nos que só o Ser é e que, do não ser, ser algum poderia advir, de modo que seria uma contradição lógica afirmar que "o ser não é e que o não ser é". Mas, se tomarmos como referência a continuação do fragmento de Protágoras, vemos que, para ele, as coisas passam do que são para o que não são e vice-versa, contrariando, com isso, a visão monista de Parmênides segundo a qual só o Ser é. Os sofistas parecem, então, estar mais próximos de uma visão mobilista da realidade.

Quanto à obra de Górgias, a mais conhecida intitula-se *Da natureza ou do não ser*. Seu fragmento mais conhecido afirma-nos que: "Nada existe. Se existisse, não poderia ser pensado. Se pudesse ser pensado, não poderia ser comunicado". Vejamos, então, cada uma das partes desse fragmento.

(a) *Nada existe*. Parmênides dizia-nos que "o ser é" e "o não ser não é". Para Górgias, se o não ser não é, ele *é* alguma coisa. Ele é o inexistente. Portanto, o não ser é. O Nada existe. Ora, pela lógica dos contrários (por antilogia), se o não ser é, então, o ser não é.

Para que o ser fosse, ou bem ele teria que ser eterno, ou bem ele teria que ser gerado. Se fosse eterno, ele teria que ser infinito no tempo e no espaço e estaria em toda parte. Mas, se estivesse em toda parte, não poderia estar em parte alguma, posto que, para estar em alguma parte, é preciso ser finito e limitado. Assim, não poderia ser eterno. Se fosse gerado, teria sido gerado ou do não ser, ou do ser. Não poderia ter sido gerado a partir do não ser, pois do não ser ser algum poderia advir, nem tampouco poderia ter sido gerado a partir do ser, pois, neste caso, já existiria antes do seu nascimento, o que é, da mesma forma, um absurdo (pois, como poderia uma coisa advir de si mesma?). Portanto, o "ser não é" (nem como sendo eterno, nem como sendo gerado) e o "não ser é". Tal argumentação leva Górgias a concluir que "nada existe".

(b) *Se existisse, não poderia ser pensado.* Mesmo que admitíssemos que o ser fosse, não poderíamos pensá-lo, pois o pensado enquanto pensado não existe. Se existisse, deveriam existir todas as coisas absurdas e monstruosas que os homens pensam. Além disso, os homens pensam o que não existe e há coisas inexistentes que são pensadas (monstros, quimeras etc.). Ora, se o que é pensado não existe, então, o que existe não pode ser pensado. Portanto, se o ser existisse, seria impensável.

(c) *Se pudesse ser pensado, não poderia ser comunicado.* Se além de existir pudesse ser pensado, não poderia ser comunicado, isto é, não poderia ser dito. Caso efetivamente houvesse coisas existentes fora de nós, essas coisas seriam objetos da visão, da audição, do paladar, do tato e do olfato. Nosso meio de comunicação é a palavra, e nenhuma coisa externa nos pode ser dada por meio de palavras. Assim como não vemos o som nem tampouco escutamos cores (cada sentido percebe o que lhe é próprio), não podemos, por intermédio da palavra, dizer coisas; pela palavra digo palavras e não coisas. Portanto, mesmo que o ser fosse e pudesse ser pensado, não poderia ser dito ou comunicado. Comunicamos opiniões sobre as coisas dadas pelos sentidos, não comunicamos coisas.

A argumentação apresentada por Górgias mostra-nos uma tentativa de refutação do ensinamento transmitido pela escola de Eleia. Se os eleáticos afirmam, contra as filosofias mobilistas, que a realidade (o Ser) é Una e Imutável, Górgias manifesta, inspirando-se no mobilismo, certo ceticismo em relação à possibilidade do conhecimento verdadeiro sobre as coisas. Se tudo é reduzido ao poder do discurso persuasivo, a própria ideia de verdade ficaria enfraquecida, fato que, sem dúvida, desencadearia uma crise na filosofia pré-socrática. O aparecimento de Sócrates seria um primeiro passo determinante para a superação desta crise. É o que veremos a partir de agora.

Bibliografia

CASSIN, B. *Ensaios sofísticos*. São Paulo: Siciliano, 1990.

CHÂTELET, F. *Uma história da razão*. Entrevistas com Émile Noel. Rio de Janeiro: Jorge Zahar Editor, 1994.

DETIENNE, M. *Os mestres da verdade na Grécia Arcaica*. Rio de Janeiro: Jorge Zahar Editor, 1988.

TRABULSI, J.A.D. *Ensaio sobre a mobilização política na Grécia Antiga*. Belo Horizonte: Editora da UFMG, 2001.

Sugestão de Leitura

LUCE, J. V. *Curso de Filosofia Grega. Do séc. VI a.C ao séc. III d.C.* Rio de Janeiro: Jorge Zahar Editor, 1994.

MONDOLFO, R. *O pensamento antigo. História da filosofia greco-romana.* São Paulo: Mestre JOU, 1971.

Temas para Debate

1. A democracia e a valorização do discurso entre os gregos.
2. O humanismo dos sofistas: linguagem e produção da realidade.
3. A polêmica dos sofistas com os eleatas e a inspiração mobilista.
4. A valorização do discurso, a relativização da verdade e a crise da filosofia.

8

O pensamento de Sócrates e o uso da dialética

> *Todo homem que entra em contato com Sócrates e dele se aproxima para conversar, seja qual for o assunto, se vê, infalivelmente, levado pelo jeito da conversa a lhe fazer confidências sobre si mesmo... E, tendo chegado a isso, pode-se ter certeza de que Sócrates não o largará até que tenha passado no crivo tudo o que lhe foi dito.* (Platão, *Laques*)

Até o presente momento, adotando como metodologia a introdução dos conceitos filosóficos por intermédio da história, percorremos o Período Mítico (ou Mágico-Religioso) e o Período Pré-Socrático (ou Arcaico). O surgimento de Sócrates constitui um importante marco nos rumos da filosofia no Mundo Antigo, inaugurando o que se pode chamar de Período Clássico entre os gregos. Dada a importância que exerceu, convencionou-se dividir a filosofia antiga em *pré-socrática* e *pós-socrática*. Sócrates surge, em Atenas, na passagem do século V para o século IV a.C. O contexto no qual se insere é o de uma sociedade que se diz democrática. Como vimos no capítulo anterior, a partir do século V a.C, nota-se a consolidação de uma organização social e política muito próxima do que conhecemos sob o nome de democracia. Atenas se torna o grande centro da política e da intelectualidade da civilização grega. É, sem dúvida, entre os atenienses que a prática política da democracia começa a ser difundida mais fortemente entre os gregos, sendo mais tarde copiada por outras cidades gregas.

Conforme exposto no capítulo anterior, substituiu-se a antiga oligarquia vigente no Mundo Mítico, na qual apenas alguns aristocratas governavam na base da força física, por um regime político a partir do qual, pelo menos em tese, todo cidadão teria o direito a opinar livremente a respeito das questões sociais. A disputa passava, a partir de então, para o âmbito discursivo. Os atenienses se reuniam em assembleias populares com o intuito de apresentar propostas e, em seguida, votar as que melhor representariam os anseios dos cidadãos. Vimos também que o cidadão ateniense não poderia, na sua atuação política, prescindir de um bom uso da palavra, tanto no que concerne à elaboração de um discurso com eloquência como no exercício de sua capacidade de argumentação. A formação educacional do homem grego também começava a mudar, passando a ter como principal objetivo a sua preparação para atuar na vida política. O capítulo anterior nos mostrou que caberia fundamentalmente aos sofistas o papel de conceder, em troca de remuneração, tal formação educacional aos cidadãos de Atenas, transmitindo-lhes técnicas de oratória e de retórica e, com isso, preparando-os para a vida política ao atingir a maioridade. É, portanto, nesse contexto social, político e pedagógico que surge Sócrates.

Sócrates é, inicialmente, uma figura pouco notada em Atenas. No momento em que surge, aparenta ter meia idade e, de certo modo, chama a atenção apenas por seu jeito pouco convencional de se vestir. Comumente, Sócrates é visto com roupas envelhecidas e com barba por fazer, aparência incomum para um homem que fala tão bem. Alguns chegam a confundi-lo com um mendigo, outros o confundem com um sofista que teria enlouquecido. É visto transitando pelo espaço público, particularmente, pelas praças públicas de Atenas. Nessas praças, transmite seus ensinamentos para aqueles cidadãos que param para ouvi-lo. Mas, afinal, em que consistiam esses ensinamentos? Sobre o que Sócrates tanto falava nas praças de Atenas? É preciso esclarecer, primeiramente, que Sócrates nada escreveu. Restringia-se a transmitir seus ensinamentos por linguagem oral, mantendo, com isso, um estilo que o aproxima da tradição do Mundo Mítico. Tudo o que sabemos sobre o que Sócrates pensou nos foi transmitido, fundamentalmente, por meio de diálogos escritos por Platão, seu discípulo mais ilustre.

Pode-se dizer que a tônica do discurso socrático remete-nos para uma crítica que Sócrates faz à sociedade ateniense, tanto uma crítica política como filosófica. Do ponto de vista político, tal crítica procura alertar o cidadão de Atenas para o fato de que esta mesma sociedade que se diz democrática opera, na prática, uma série de desigualdades entre os cidadãos. Como em toda democracia, tal sociedade deveria zelar por uma lógica igualitária, por uma equidade, entre os cidadãos. No entanto, Sócrates chama a atenção para o fato de que o cidadão de Atenas encontra-se longe de praticar a verdadeira democracia. A começar pelo fato de que nem todos os cidadãos atenienses tinham o direito a opinar livremente: os escravos, as mulheres e os estrangeiros encontravam-se excluídos da atuação na vida política. Considera-se também o fato de que somente os cidadãos ligados às famílias mais ricas se encontravam em condições de remunerar os melhores sofistas, possibilitando, com isso, o acesso a uma formação educacional mais qualificada, fato que determinava, em grande parte, a atuação na vida política de Atenas. Havia, portanto, já no século V a.C, uma desigualdade na educação, determinando a participação mais ou menos efetiva dos cidadãos na vida política. E, por fim, é importante lembrar que, com frequência, quando o assunto em pauta trazia um grande apelo popular, as assembleias ficavam lotadas, mas somente os cidadãos influentes e ligados às famílias mais ricas tinham uma participação mais efetiva nos debates (consequentemente, os cidadãos que apresentavam discursos mais eloquentes, além de uma boa capacidade de argumentação). Os demais cidadãos apenas observavam o debate passivamente. Por outro lado, quando o assunto em questão não trazia um grande apelo, aí então era possível perceber as assembleias mais vazias e, somente nesses casos, notava-se a participação nos debates dos cidadãos de origem mais modesta. Por tudo isso, esta sociedade, que se dizia democrática, praticava uma série de desigualdades no campo da política. A dinâmica das assembleias trairia o próprio ideal da democracia: o ideal do Bem Comum. Entorpecido pelo ideal de sair vitorioso nos debates nas assembleias, consolidando assim uma carreira política vitoriosa, os cidadãos influentes de Atenas não tardariam em priorizar nos debates o interesse particular em detrimento do bem comum. Esta passava a ser uma tendência cada vez mais comum na política ateniense.

A crítica socrática procura denunciar o afastamento do homem grego – ao se deixar tomar pelo ideal do aperfeiçoamento de suas técnicas de retórica – do que sempre fora a sua vocação maior: a busca pela sabedoria, pelo conhecimento verdadeiro. Para Sócrates, estes mesmos homens, que visam consolidar uma carreira política buscando unicamente a vitória nos debates, vão às assembleias decidir o destino de Atenas sem ter, ao certo, um conhecimento verdadeiro sobre o que tratam nessas reuniões. Possuem apenas uma opinião vaga e imprecisa sobre os grandes temas da vida moral, como *justiça, coragem, virtude* etc. Segundo Sócrates, não se dão conta de tal ignorância. Trata-se aqui da "má ignorância", ou seja, ignoram que ignoram. Todo o esforço de Sócrates nas praças públicas de Atenas passava, então, a ser o de alertar, primeiramente, o cidadão ateniense para a insuficiência de suas opiniões (*doxa*) nos debates desenvolvidos nas assembleias. Sem dúvida que o alvo maior dessa crítica acabava sendo a atuação dos próprios sofistas. Afinal, eram eles os responsáveis pela formação educacional do grego.

O desafio passava a ser, então, o de despertar a consciência do cidadão ateniense para essa ignorância. A estratégia metodológica adotada por Sócrates para se aproximar deste cidadão consistia no exercício da dialética. Em linhas gerais, pode-se dizer que a dialética é um método de questionamento utilizado incessantemente por Sócrates para levar o cidadão ateniense ao reconhecimento da insuficiência de suas opiniões, colocando-o assim no caminho da busca pela verdadeira sabedoria. A dinâmica da dialética socrática é marcada por um convite de Sócrates ao cidadão ateniense para um diálogo sobre um tema qualquer (na maior parte das vezes, tratava-se de um tema de ordem moral: *coragem, virtude, justiça, amizade* etc.). Ao aceitar o convite, enquanto interlocutor, o cidadão inicia um diálogo sobre o tema escolhido. De imediato, Sócrates (o locutor) inicia a dialética com a seguinte pergunta: o que é x? Qual a definição universal a respeito do conceito acerca do qual conversamos? Certo de seus conhecimentos, o interlocutor responde ao questionamento, utilizando uma série de exemplos, como (quando o assunto é, por exemplo, a *coragem*): "coragem é quando um guerreiro, mesmo ferido, continua a lutar" ou "coragem é quando um guerreiro não se retira do campo de batalha, mesmo diante de um inimigo numericamente superior", e assim por diante. Diante da resposta, Sócrates intervém, afirmando ao interlocutor que exemplos não definem a essência da ideia em questão, no caso a ideia de *coragem*. "Afinal", pergunta Sócrates, "o que me faz crer que nesses exemplos estejamos diante de um caso de coragem, e não de loucura ou de imprudência?". Diante de tal observação, o interlocutor começa a hesitar em suas respostas e, de modo gradativo, Sócrates vai intensificando seus questionamentos até que o interlocutor reconheça a insuficiência de suas próprias opiniões sobre o tema central do diálogo. Em outros termos, o questionamento é intensificado até que o interlocutor reconheça a sua própria ignorância sobre o que antes pensava conhecer. Portanto, Sócrates o faz passar, com a dialética, de um estado no qual "ignorava que ignorava" para um estado no qual "reconhece que ignora" (a chamada "boa ignorância"). Daí o preceito socrático "só sei que nada sei". Tal reconhecimento seria, para Sócrates, uma espécie de "portal da filosofia", e somente por meio dele um homem poderia ingressar no caminho da filosofia, buscando o verdadeiro conhecimento a respeito das ideias. Eis a importância da dialética socrática para a Filosofia.

Se, inicialmente, Sócrates é uma figura pouco notada em Atenas, salvo pela sua boa capacidade de argumentação, com o exercício do método dialético, consegue atrair para perto de si um número cada vez maior de cidadãos, fato que o tornaria particularmente conhecido na sociedade ateniense. É preciso lembrar que, na maior parte das vezes, a grande maioria dos cidadãos que aceitavam o convite de Sócrates para o diálogo descrito acima eram jovens. Tal fato se justifica, em parte, pela ânsia daqueles que haviam acabado de completar a maioridade em mostrar publicamente tudo aquilo que aprenderam até então: a eloquência no discurso, a capacidade de argumentação, e assim por diante. Os cidadãos mais idosos também se juntavam com frequência aos mais jovens e, muitas das vezes, viam suas pressuposições serem postas em prova e às vezes refutadas pela dialética socrática. Tudo isso fazia com que estes cidadãos mais idosos se sentissem humilhados diante dos mais jovens, fato que contribuía decisivamente para o acúmulo de suspeitas e o crescimento de um sentimento de antipatia por parte dos referidos cidadãos em relação a Sócrates. O crescimento deste sentimento culminaria com a acusação de que Sócrates estaria pervertendo a juventude ateniense. Mais precisamente, em 399 a.C, Sócrates seria submetido a julgamento sob as seguintes acusações: de blasfemar contra os deuses – acusado de não respeitar os deuses cultuados pela cidade e de introduzir divindades novas; de corromper a juventude ateniense, afastando-a das assembleias. Acreditava-se que Sócrates exercia uma influência subversiva sobre os mais jovens, solapando as tradições e crenças da sociedade ateniense. Pode-se dizer que os políticos mais conservadores de Atenas no poder desaprovavam seu hábito de encorajar os jovens a pensar por si.

Após seu julgamento, Sócrates foi então condenado à pena de morte. Optou por não se defender da pena que lhe fora imposta. A prática da época era a de que o condenado à morte tomasse cicuta, um veneno mortal. Após o julgamento, nos dias que antecederam a sua execução, Sócrates recebeu a visita de uma romaria de discípulos, muitos dos quais haviam lhe sugerido o exílio de Atenas, sugestão que não foi aceita. Por uma questão ética, por mais que no íntimo discordasse da pena que lhe fora imposta, optou por obedecer às leis de Atenas, pois, para Sócrates, a obediência às leis era um preceito ético fundamental. Assim, pereceu aquele que Platão – seu discípulo mais ilustre – chamou de o "melhor homem de seu tempo, por sua sabedoria e espírito de justiça".

Bibliografia

CHÂTELET, F. *Uma história da razão*. Entrevistas com Émile Noel. Rio de Janeiro: Jorge Zahar Editor, 1994.

DETIENNE, M. *Os mestres da verdade na Grécia arcaica.* Rio de Janeiro: Jorge Zahar Editor, 1988.

FIGAL, G. *Sócrates – O filósofo.* Em: Erler, M. & Graeser, A. *Filósofos da Antiguidade I. Dos Primórdios ao Período Clássico.* São Leopoldo: Editora UNISINOS, 2005.

MONDOLFO, R. *Sócrates*. São Paulo: Mestre JOU, 1972.

Sugestão de Leitura

Mossé, C. *O processo de Sócrates.* Rio de Janeiro: Jorge Zahar Editor, 1990.

Stone, I. F. *O julgamento de sócrates.* São Paulo: Companhia das Letras, 1998.

Temas para Debate

1. Democracia e desigualdade na educação.
2. O método dialético e sua importância para a filosofia.
3. Opinião e conhecimento na vida política.
4. A ética socrática e o preceito da obediência às leis.

9

Platão e a Teoria das Ideias

Sócrates – Parece-me que, se existe algo de belo fora do Belo em si, essa coisa só é bela porque participa desse Belo em si, e digo que o mesmo ocorre quanto a todas as outras coisas. (Platão, *Fédon*)

Platão (427-347 a.C) é, sem dúvida, uma das figuras mais marcantes de toda a história da filosofia no Ocidente. A influência que exerceu sobre o desenrolar do pensamento filosófico é algo espantoso. Há quem diga que, no Ocidente, a filosofia não teria passado de nota de rodapé do pensamento de Platão. É, portanto, ao lado de Aristóteles, um dos pilares da filosofia no mundo ocidental. O contexto de surgimento da filosofia de Platão é o da democracia ateniense, particularmente, o da passagem do século V para o século IV a.C. Trata-se, no mundo antigo, de um filósofo do Período Clássico. Platão é filho de aristocratas e, como tal, teve uma boa educação (*Paideia*). Descendente pelo lado paterno de um dos antigos reis de Atenas e, pelo lado materno, do famoso estadista Sólon, havia toda uma expectativa dessa aristocracia de que Platão fizesse – como todos os jovens de boa educação, ao atingir a maioridade – uma carreira política brilhante nas assembleias. O que não se esperava é que Platão viesse a conhecer Sócrates e, como muito outros jovens, viesse a se encantar com a causa socrática, afastando-se cada vez mais das assembleias para ingressar no caminho da filosofia. Pode-se dizer então que, num primeiro momento, a figura de Sócrates é a grande inspiração para Platão. De todos os discípulos, talvez tenha sido o próprio Platão quem mais sentiu a condenação de Sócrates.

Após tal condenação, Platão tomou duas atitudes que, de alguma maneira, já começavam a marcar o caminho que trilhou. Platão entendia que Sócrates se expunha demasiadamente, ao adotar o espaço público para a transmissão de seus ensinamentos. Como vimos no capítulo anterior, o exercício da dialética foi eficaz no sentido de despertar a consciência de uma parcela considerável dos cidadãos atenienses para a insuficiência das opiniões que eram levadas para as assembleias para decidir os destinos de Atenas. Mas esse exercício não deixava de despertar, sobretudo nos políticos mais conservadores, um sentimento de antipatia que contribuiria decisivamente para a alegação de que Sócrates estaria corrompendo a juventude ateniense, sendo considerado, por esses políticos, uma figura de alta periculosidade para a sociedade ateniense. Portanto, para Platão, ao habitar ostensivamente o espaço público, Sócrates teria se exposto além do limite, o que culminou com a sua acusação e condenação. Diante de tal constatação, uma primeira atitude marcante que Platão toma é a de deslocar o exercício da filosofia do espaço público para o espaço privado. Platão fundava, com isso, após retornar da primeira viagem que fizera ao sul da Itália, em torno de 386 ou 385 a. C, a primeira escola de filosofia do Ocidente, a qual dera o nome de Academia.

Essa instituição permanente de ensino tinha por objetivo ser um seminário filosófico com o intuito de apresentar um novo dirigente ao mundo grego. A Academia ficava situada numa aprazível área arborizada no noroeste de Atenas, conhecida como Jardins de Academos (nome de um herói ático morto e semidivinizado). A área foi adquirida por Platão, tendo inclusive um ginásio atlético que servia como lugar público para encontros e discussões entre os membros da academia. Nos prédios havia, além das salas de leituras, residências e um salão para refeições em comum. Além das investigações filosóficas no sentido mais estrito (dialética), havia também grande espaço para estudos matemáticos, motivo pelo qual a Academia atraía um número considerável de matemáticos e astrônomos. O fechamento oficial da escola se deu com a decisão do imperador bizantino Justiniano em 529 d. C. Fora o deslocamento do exercício da filosofia do espaço público para o espaço privado, resultando na fundação da Academia, uma segunda atitude marcou o itinerário seguido por Platão: o de transmitir o ensinamento socrático através de linguagem escrita.

Como vimos no capítulo anterior, mantendo-se fiel à tradição do Mundo Mítico, Sócrates restringiu-se a transmitir seus ensinamentos unicamente por linguagem oral, de modo que tudo que sabemos dele nos foi, fundamentalmente, transmitido por Platão. Portanto, sobretudo nos primeiros dez anos após a morte de Sócrates, coube a Platão a transmissão por linguagem escrita do pensamento socrático. Tudo o que Platão escreveu e publicou por cerca de 50 anos, o fez sob a forma de *diálogos*, cada um dos quais concentrando-se em torno de uma temática principal (*amor, virtude, coragem, justiça* etc). Os *diálogos platônicos*, como são conhecidos os escritos de Platão, são comumente divididos em três grupos: um grupo *inicial*, um grupo *intermediário* e um grupo *tardio*.

O grupo *inicial* compõe-se da *Apologia*, do *Críton* e de outros diálogos mais curtos, cujo foco central é o exame da definição de diversas virtudes. Esses exames permanecem, como na dialética socrática, sem uma conclusão. Nesse primeiro grupo, podemos também incluir os diálogos *Protágoras* e *Górgias*, diálogos um pouco mais longos. Conhecidos como diálogos da *fase socrática*, o objetivo maior dos primeiros diálogos é o de prestar uma homenagem a Sócrates, imortalizando a sua memória. Esses diálogos situam-se entre os primeiros 12 anos após a morte de Sócrates.

O grupo *intermediário* concentra-se em torno do diálogo *República*, considerado por muitos a obra isolada mais importante de Platão. Neste diálogo, Sócrates ainda é uma figura presente, porém, características mais específicas da filosofia de Platão já podem ser notadas, particularmente seu interesse pelo pitagorismo. Este grupo ainda inclui importantes diálogos, como: *Fédon*, *Banquete*, *Parmênides* e *Teeteto*. O grupo *intermediário* reflete claramente o envolvimento crescente de Platão com as atividades da Academia, bem como um distanciamento crescente de sua própria filosofia das raízes socráticas.

E, por fim, no grupo *tardio*, deparamo-nos com os seguintes diálogos: o *Sofista*, o *Político*, o *Filebo*, o *Timeu*, o *Crítias* e as *Leis*. Nesses diálogos, que compreendem a fase da maturidade, Platão reformula sua doutrina, talvez levando em conta as discussões com os discípulos da Academia. Em alguns desses diálogos, como o *Sofista* e o *Parmênides*, o tom dramático e polêmico da fase socrática desaparece, de modo que o próprio Sócrates deixa de ser o personagem principal dos diálogos.

Conforme dissemos, os primeiros diálogos têm em Sócrates um de seus personagens principais, ao passo que, nos últimos diálogos, este personagem aparece apenas secundariamente. Os primeiros diálogos são conhecidos como *diálogos socráticos*, exatamente pelo fato de Platão ter se concentrado fundamentalmente nos grandes temas de ordem moral (a *virtude*, a *coragem* etc.), tendo como objetivo maior a tarefa de transmitir, nesses diálogos, o ensinamento socrático, o que pode ser entendido como a tarefa de mostrar por que Sócrates não era, afinal, um sofista. Alguns aspectos dessa distinção são acentuados por Platão: (a) enquanto Sócrates era um cidadão ateniense nato e, portanto, tinha vínculos fortes com aquela cidade na qual nasceu, viveu e morreu, os sofistas eram estrangeiros e estavam em Atenas apenas de passagem, sobretudo, por motivos profissionais; (b) se os sofistas eram educadores por profissão, ou seja, cobravam para transmitir seus ensinamentos de oratória e de retórica, Sócrates não era um "filósofo por profissão". Sua vida se confundia, em cada um de seus gestos, com a atmosfera filosófica na qual se encontrava imerso. Se Sócrates convidava um cidadão ateniense para um diálogo, levando-o, ao final do mesmo, a um estado de perplexidade, motivando-o a pensar por si sobre como um homem poderia conduzir sua vida, não o fazia por profissão, mas pela convicção de que, por meio do exercício dialético, estaria prestando a maior das contribuições para o bem comum de Atenas; (c) se os sofistas praticam a retórica e são mestres na arte de ensinar tal habilidade, Sócrates exerce incansavelmente a dialética. Se a retórica é uma mera técnica de persuasão, podendo ser utilizada ora para fortalecer, por meio da argumentação, a aceitação de uma determinada opinião, ora de outra, a dialética consiste no exercício de questionamento incessante sobre a definição de uma ideia, exercício cujo intuito maior é o de levar o interlocutor a reconhecer a sua própria ignorância a respeito do tema sobre o qual pensava conhecer, impulsionando-o assim a buscar por si mesmo o verdadeiro conhecimento; (d) se os sofistas conduzem a uma relativização da verdade, ao afirmar que a realidade é relativa ao discurso proferido pelos homens, Sócrates procura alertar os homens para o fato de que opinião não é conhecimento, de modo que as opiniões são relativas (insuficientes e vagas), ao passo que o conhecimento verdadeiro não; (e) e, por fim, os sofistas teriam faltado com a ética, pois estariam unicamente preocupados em transmitir ensinamentos ligados às habilidades do discurso, sem levar em consideração o uso que os cidadãos atenienses fariam desses ensinamentos na vida política. Já Sócrates não teria, mesmo na hora da morte, faltado em momento algum com a ética, pois jamais desobedeceu às leis de Atenas, ainda que, num fórum íntimo, discordasse delas. Ainda assim, recusou o exílio e permaneceu em Atenas no momento da condenação.

Portanto, nos primeiros dez anos após a morte de Sócrates, os diálogos platônicos visaram, fundamentalmente, mostrar o porquê da atitude socrática se distinguir da atitude dos sofistas, procurando, com isso, resguardar a especificidade da filosofia frente à ação dos sofistas em Atenas. Após esse período, Platão faria, no começo dos anos 390 a.C, algumas viagens ao sul da Itália (particularmente, viagens à Sicília) e, no curso dessas viagens, tomaria um contato mais próximo com os ensinamentos de pensadores italianos, como Pitágoras e Parmênides. Como vimos, ambos os pensadores pré-socráticos inauguravam uma tradição filosófica no Ocidente voltada para uma visão de mundo mais abstrata, prenunciando, de alguma maneira, a Lógica e a Metafísica no pensamento ocidental. De certo modo, tanto em Pitágoras como em Parmênides estava em jogo a ênfase naquilo que o exercício abstrato do raciocínio é capaz de revelar, independentemente do que a experiência sensível venha a nos mostrar. Estava em jogo então o contato de Platão com o ensinamento daqueles que seriam precursores de toda uma tradição que se desenvolveria no Ocidente, tradição para a qual a razão teria o poder de revelar a verdadeira realidade que a experiência sensível enquanto tal não revelaria. É também com esta tradição que se instaura uma das distinções mais importantes para a filosofia: a distinção entre *aparência* e *realidade*. Se os sentidos revelam-nos apenas o que é meramente aparente, a razão revela-nos a verdadeira realidade.

Como vimos no capítulo sobre os pré-socráticos, Pitágoras desenvolveu uma doutrina segundo a qual o número seria o elemento mais básico e fundamental, sendo a linguagem da matemática a linguagem por excelência que refletiria a ordem e a harmonia do cosmos. A influência de Pitágoras sobre a filosofia platônica é tamanha a ponto de Platão colocar na entrada da Academia a seguinte frase de inspiração pitagórica: "Não passe desses portões quem não tiver estudado geometria". Pode-se dizer que, para Platão, a geometria seria uma inspiração, ou mesmo um modelo, para a filosofia. Da mesma forma que a visão abstrata do geômetra transcende a nossa visão sensível, reduzindo uma infinidade de formas captadas pela percepção sensível a um conjunto finito de figuras com os seus lados e ângulos calculáveis, a filosofia reduziria a mutabilidade e contingência das coisas reveladas pela experiência sensível às formas puras (eternas e imutáveis) reveladas pelo pensamento racional.

Se Pitágoras vê o seu nome ligado à linguagem matemática, Parmênides é tido como um precursor da lógica no Ocidente. Como vimos, Parmênides tenta mostrar em seu poema que, do ponto de vista lógico, a ideia de *movimento*, bem como a ideia de uma *pluralidade do real*, conduzem-nos a uma contradição lógica. Se nos mantivermos fiéis às proposições indicadas em seu poema: "(O Ser) é e é impossível que não seja" e "(O Não Ser) não é e é necessário que não seja", jamais poderemos admitir a possibilidade das referidas ideias, pois tanto a ideia de *movimento* como a ideia de *pluralidade* nos força a admitir que "o Ser não é" e que "o não ser é", infringindo, com isso, o que as proposições acima determinam do ponto de vista lógico. Mas como pode aquilo que é não ser? Ou então, como pode aquilo que não é ser alguma coisa? Afinal, do não ser, ser algum pode advir. Portanto, para Parmênides, se os sentidos revelam-nos apenas o aparente (*pluralidade* e *movimento*), o raciocínio lógico revela-nos a verdadeira realidade (Una e Imutável). A conclusão de Parmênides é, como vimos, a de que "só o Ser é". Platão parece ter absorvido boa parte desses ensinamentos, retomando, após suas viagens à Magna Grécia, a temática pré-socrática do *movimento* e da permanência em sua Teoria das Ideias. Mas, como veremos, na Teoria das Ideias de Platão, o Ser (Uno e Imutável) de Parmênides seria substituído por uma multiplicidade de Ideias (Formas Puras, Imutáveis e Eternas). Além disso, se em Parmênides, o movimento é inadmissível, pois nos leva à aceitação de uma contradição lógica, na Teoria das Ideias há um lugar reservado para o *movimento* e um outro específico para a *imutabilidade*, ainda que o conhecimento verdadeiro encontre-se, para Platão, no plano do que é Eterno e Imutável. Seja como for, ao admitir em sua teoria a pluralidade das Ideias, bem como um lugar para o movimento, Platão estaria, segundo a expressão usada por alguns comentadores, cometendo uma espécie de "Parricídio" contra o mestre Parmênides. Ainda assim, para Platão, somente a razão pode nos levar ao verdadeiro conhecimento, uma vez que a experiência sensível permite-nos apenas formar opiniões vagas e imprecisas sobre as coisas.

A Teoria das Ideias de Platão parte da concepção segundo a qual devemos considerar permanentemente a presença de dois mundos, denominados de Mundo Sensível e Mundo das Ideias. A tese de Platão é a de que cada uma das coisas que habita o mundo sensível seria uma cópia imperfeita de alguma Ideia, aqui entendida como uma Forma Pura dotada de uma essência eterna e imutável, que habitaria o Mundo das Ideias em meio a outras formas ideais, como *beleza, igualdade, circularidade, justiça* etc. Essas formas ideais, existiriam por si mesmas como parte imutável da estrutura da realidade, servindo de referência ou de modelo universal para as coisas individuais apreendidas pela percepção sensível. Segundo Platão, coisas belas tornam-se belas graças à presença da *beleza* nelas, sendo o mesmo verdadeiro para as coisas justas, iguais, circulares etc. Se cada uma das coisas individuais apreendidas pela percepção sensível é uma cópia imperfeita da Ideia, é, no fundo, porque tal coisa perece, isto é, sofre a ação do tempo, diferentemente da Ideia entendida como Forma Pura. Por mais perfeita que seja uma coisa triangular, ela jamais terá, pelo simples fato de ser uma coisa mundana (perecível, sujeita à transformações etc.), o mesmo grau de perfeição (ou de realidade) exibido pela Forma Pura *Triângulo*, Ideia cuja essência imutável é a de ser uma figura geométrica de três lados cuja soma dos ângulos é igual a 180 graus. A razão coloca-nos, assim, não frente a *esta* coisa triangular, mas, sim, frente ao que há de universal em toda e qualquer coisa triangular. Portanto, coloca-nos frente ao Triângulo em si enquanto modelo universal para todas as coisas triangulares, a despeito das variações sofridas por essas coisas no Mundo Sensível.

A Teoria das Ideias de Platão remete-nos, portanto, para uma espécie de dualismo: de um lado, as coisas com as suas propriedades empíricas (peso, cor, tamanho etc.), tal como nos são reveladas por meio da nossa experiência sensível; de outro lado, um universo de "coisas ideais" (de Formas Puras), cada uma das quais possuindo uma essência una e imutável (a Beleza em si, a Justiça em si etc.), somente reveladas pelo exercício da razão. Se o Mundo Sensível é o domínio das coisas individuais sob transformação, o Mundo das Ideias abrigaria as Ideias enquanto matrizes universais (Formas Puras, eternas e imutáveis) que somente se tornariam expressivas e inteligíveis por estarem submetidas à Ideia do Bem, fonte última da qual as outras Ideias derivam o seu próprio ser. As coisas apreendidas pelos nossos sentidos estariam portanto sob a ação do tempo, ao passo que as Ideias das quais as coisas são cópias estariam fora do tempo e, portanto, seriam eternas. Se no Mundo Sensível, a nossa apreensão das coisas se faz mediante os nossos cinco sentidos (olfato, audição, tato, paladar e visão), as Ideias revelam-nos a sua essência em um estágio último de um uso gradativo da razão.

Podemos dizer que, por meio da experiência sensível, somente formamos opiniões vagas e imprecisas sobre as coisas, ao passo que, pelo uso contemplativo da razão, atingimos o verdadeiro conhecimento (*episteme*) das Ideias, de que as coisas sensíveis seriam apenas cópias imperfeitas. Se, por meio dos nossos sentidos, estamos em contato com o que é particular (portanto, com a coisa individual, com o que não se repete), o uso da razão leva-nos à essência da Ideia e, portanto, ao que é universal. Pode-se dizer ainda que, no Mundo Sensível, situamo-nos no âmbito da prática, ao passo que, no Mundo das Ideias, no âmbito da teoria (do grego *teorem*, que significa contemplação). Deparamo-nos, portanto, na Teoria das Ideias de Platão, com uma teoria dualista, uma vez que tal teoria nos remete para um duplo ver: de um lado, a visão sensível (a visão ordinária dos nossos hábitos diários), e, de outro, a visão inteligível (a visão propriamente filosófica, por meio da qual o filósofo contempla racionalmente a Ideia, em um processo gradativo que leva, em seu estágio último, ao conhecimento verdadeiro, independentemente do que a experiência sensível venha, em cada um dos casos, nos mostrar).

Em Platão pode-se dizer que o exercício filosófico obedece a um itinerário. Todo aquele que é movido pela busca do conhecimento verdadeiro sobre as coisas terá, primeiramente, que se afastar da experiência sensível, terá que se abster de tomar como *conhecimento verdadeiro* as opiniões vagas e imprecisas que formamos com base naquilo que os nossos sentidos nos revelam. A superação da experiência sensível é, assim, um passo decisivo na escalada em direção ao alcance do conhecimento verdadeiro. Daí a filosofia de Platão ter, no curso dos séculos, ganho a fama de ser uma filosofia contemplativa. O próprio sentido do termo *platônico* entre nós sugere-nos algo nesta direção, entendendo pelo referido termo certa admiração à distância, uma ação contemplativa daquilo que se quer conhecer verdadeiramente, ação que transcenderia a própria experiência sensível (ou mesmo uma consideração meramente empírica das coisas).

Uma vez que se abstenha de tomar suas opiniões como conhecimento verdadeiro, caberá àquele que busca tal conhecimento dar início a uma segunda etapa do processo filosófico, a saber: o exercício contemplativo das Ideias. Esse exercício de investigação constituirá um caminhar para cima, à medida que avançará no sentido de estabelecer, por meio do exame dialético de proposições e de suas relações acerca daquilo que se investiga, generalizações cada vez mais amplas que possam, ao final, expressar a essência das Ideias, de modo plenamente compreensível. Ao filósofo, caberá agora perguntar pelo que há de universal em uma dada Ideia, procurando aclará-la cada vez mais, em um processo gradativo e crescente de elucidação da Ideia, visando atingir, então, ao final, uma clareza absoluta, a Ideia em si mesma tal como revelada ao pensamento. Uma vez aclarada a Ideia, caberá ao filósofo – e aqui identificamos este terceiro momento como constituindo o caráter político-pedagógico da filosofia de Platão – a missão de conduzir outros homens a esse mesmo processo, no sentido de libertá-los das amarras dos sentidos, para que possam então conhecer, por meio de um exercício dialético, as coisas em sua versão ideal, tal como elas são.

Segundo Platão, as Ideias – enquanto Formas Puras dotadas de uma essência imutável – já estariam dadas, cabendo ao filósofo relembrá-las por meio do pensamento racional. É preciso lembrar que Platão aceitará, tomado pela influência que recebe da filosofia pitagórica, a tese da imortalidade da alma, um importante princípio da nossa tradição religiosa no Ocidente. Platão acrescenta à doutrina pitagórica da reencarnação uma dimensão filosófica nova com a chamada Teoria da Reminiscência. De acordo com esta teoria, a alma – ainda desencarnada em um estágio anterior – foi capaz de percorrer os céus em contemplação das Ideias eternas. Ao cair na terra para nascer em forma humana, consumou-se, então, um esquecimento temporário dessa contemplação. Ainda assim, traços de memória permanecem no espírito, e tal contemplação poderia, segundo esta teoria, ser relembrada (*anamnêsis*) por uma análise adequada e pelo questionamento dos dados da experiência. Para Platão, "aprender é relembrar". Nesse sentido, fazer filosofia consistiria, na perspectiva platônica, em um convite para relembrar a Ideia, desfazendo com o exercício dialético do pensamento racional, em um processo gradativamente crescente, o esquecimento da coisa tal como ela é, em sua versão ideal, como Forma Pura dotada de uma essência imutável que somente se revela para a visão do espírito.

A filosofia de Platão foi, como dissemos, um importante marco no Período Clássico do pensamento filosófico da Antiguidade, bem como na própria história da filosofia no Ocidente. Basta lembrar que muitos nomes importantes passariam pela Academia de Platão, sendo o próprio platonismo recuperado no Período Helênico, tendo como um dos seus maiores expoentes na primeira metade da Era Medieval a figura de Santo Agostinho, responsável pela conciliação da filosofia platônica com o pensamento cristão. Dentre os alunos mais ilustres da Academia, destaca-se particularmente a figura de Aristóteles, cuja obra representa um dos capítulos mais importantes da história da filosofia no Ocidente. Este mesmo capítulo é o que começaremos a examinar mais detalhadamente a partir de agora.

Bibliografia

MAIRE, G. *Platão*. Biblioteca Básica de Filosofia. Lisboa: Edições 70, 1983.

PLATÃO. *A República*. São Paulo: Hemus – Livraria Editora, 1970.

SANTOS, BENTO SILVA (OSB). *A imortalidade da alma no Fédon de Platão: Coerência e legitimidade do argumento final.* Porto Alegre: EDIPUCRS, 1999.

SZAIF, J. Platão – Espectro da Filosofia. Em: Erler, M. & Graeser, A. *Filósofos da Antiguidade I. Dos Primórdios ao Período Clássico.* São Leopoldo: Editora UNISINOS, 2005.

Sugestão de Leitura

JEANNIÈRE, A. *Platão*. Rio de Janeiro: Jorge Zahar Editor, 1995.
WATANABE, L. A. *Platão por mitos e hipóteses*. São Paulo: Moderna, 1995.

> **Temas para Debate**
>
> 1. O ensino da filosofia: do espaço público à Academia.
> 2. O sensível e o inteligível: das opiniões ao conhecimento das Ideias
> 3. A ação contemplativa e o caráter político-pedagógico da filosofia

10

Aristóteles e o conhecimento das quatro causas

> *Aquele que chega a conhecer as coisas mais árduas e que apresentam grande dificuldade para o conhecimento humano, este é um filósofo. Além disso, aquele que conhece com maior exatidão as causas e é o mais capaz de ensiná-las é, em todas as espécies de ciências, filósofo...* (Aristóteles, *Metafísica*)

Aristóteles (384-322 a.C) é, sem dúvida, juntamente com Platão, uma das figuras de maior expressão da filosofia na Antiguidade, bem como da própria história do pensamento filosófico no Ocidente, dada a influência decisiva que exerceu nos rumos da filosofia ocidental. Nasceu em Estagira, pequena cidade da Macedônia Oriental colonizada originariamente pelos jônicos. Desde cedo, esteve ligado à família real que governava a Macedônia, uma vez que seu pai, o médico Nicômaco (falecido quando Aristóteles ainda era muito jovem), ocupou o posto de médico do rei Amintas da Macedônia (pai de Felipe, o Macedônio). Pode-se presumir que a família de Aristóteles tenha morado em Pela, onde ficava o palácio de Amintas, e que tenha frequentado a corte. A ligação com a corte da Macedônia pôs Aristóteles em contato com a dinastia que estava destinada a dominar a Grécia por um determinado período.

Aos 18 anos (isto é, em 366/365 a.C), Aristóteles foi para Atenas com o intuito de aperfeiçoar a sua formação intelectual. Nesse período, ingressou imediatamente na Academia, permanecendo como residente durante 20 anos. Após a morte de Platão em 347 a.C, Aristóteles deixou a Academia, dirigindo-se para a região da Ásia Menor, indo morar por algum tempo em Assos e depois na ilha de Lesbos, onde realizou pesquisas zoológicas. Posteriormente, em 343 a.C, por iniciativa do rei Felipe II da Macedônia, Aristóteles foi convidado a retornar a Pela, capital do reino, para se tornar uma espécie de preceptor de seu filho Alexandre, então um adolescente com 14 anos. Em agradecimento às inúmeras colaborações e serviços prestados à corte, Alexandre – personagem destinado a revolucionar os rumos da história grega – doou a Aristóteles um terreno no nordeste de Atenas para que ali fosse construída a escola aristotélica. Com a ascensão de Alexandre ao trono da Macedônia, em 335 a.C, Aristóteles fundaria em Atenas a célebre instituição de ensino conhecida como Liceu – nome tirado de Liceio, um dos epítetos devocionais de Apolo cultuado em um pequeno bosque próximo da região. Com o tempo, os frequentadores do Liceu ficariam conhecidos como *peripatéticos* (denominação derivada de *Perípatos*, que significa pátio cercado de colunas), por causa do hábito de Aristóteles de transmitir seus ensinamentos aos alunos caminhando de um lado para o outro, por entre as colunas de alguns edifícios escolares.

Com um perfil um pouco diferente da Academia de Platão, o Liceu se caracterizava muito mais por ser um Instituto de Pesquisa. Aristóteles teria dado ênfase à necessidade de organizar coleções de material como base para o estudo sistemático de qualquer espécie. Sabe-se que o próprio Alexandre teria colaborado intensamente com as pesquisas do Liceu, orientando seu exército a recolher, durante as expedições militares, amostras de material para as pesquisas, particularmente, amostragens de espécies raras, nunca antes vistas pelos gregos. Segundo os registros históricos, o Liceu teria existido do século IV a.C ao século II d.C. Aristóteles permaneceu durante 13 anos como diretor da Escola. Após a morte de Alexandre, bem como da explosão de sentimentos antimacedônicos, Aristóteles deixou Atenas, retirando-se para Calcídia (onde sua mãe possuía bens), vindo a falecer em 322 a.C, com poucos meses de exílio.

Aristóteles foi, sem dúvida, quem primeiro sistematizou a filosofia no Ocidente. Em linhas gerais, pode-se dizer que os escritos filosóficos de Aristóteles encontram-se divididos em dois grupos: em sua fase platônica, publicou uma série de diálogos filosóficos, principalmente sobre temas ligados à ética. Em sua maior parte, as obras se perderam. Aristóteles se tornou uma figura renomada na história da filosofia ocidental justamente por ser autor de uma série de tratados filosóficos que ele próprio não publicou em vida e que teriam, em sua grande maioria, permanecido desconhecidos até o século I a.C, momento em que uma edição definitiva desses tratados foi lançada por Andrônico de Rodes.

Em linhas gerais, Aristóteles apresenta-nos diversos tratados, cada um dos quais se concentrando em torno de uma determinada área do conhecimento. Considerando a ordem em que essas obras aparecem na tradição manuscrita, podemos citar: sobre lógica (as obras sobre lógica ficaram conhecidas como *Órganon*, ou instrumento de pensamento); sobre ciências naturais (a *Física*, composta de oito livros, juntamente com tratados sobre o céu, sobre a geração e corrupção e sobre metereologia); sobre psicologia (uma obra geral constituída de três livros, intitulada *De Anima*); sobre biologia (*Investigação sobre os Animais*, uma introdução geral à zoologia); sobre a metafísica (conjunto de ensaios filosóficos publicados com o título de *Metá-Physiká*; a expressão significa simplesmente obras depois da *Física*, numa referência a sua posição na antiga edição-padrão de suas obras; o termo metafísica não foi utilizado por Aristóteles que, por sua vez, preferiu chamar a investigação filosófica acerca dos conceitos de *Ser* e de *Substância* pelo nome de filosofia primeira); sobre ética (*A Eudemo* e *Ética a Nicômaco*); sobre política (a *Política*, uma coleção de ensaios com reflexões sobre a natureza e a organização da *polis* grega); sobre crítica literária (três livros sobre *Retórica* e um livro sobre *Poética*, tratando da tragédia e da poesia épica).

Um ponto marcante que nos permite perceber a diferença no posicionamento filosófico de Aristóteles em relação à filosofia de Platão, seu antigo mestre, é o lugar que a percepção sensível ocupa no pensamento aristotélico. Como vimos no capítulo anterior, Platão defende a tese segundo a qual a busca pelo conhecimento verdadeiro nos força, primeiramente, a superar a experiência sensível; ou seja, me abstenho de tomar como verdadeiro as opiniões (vagas e imprecisas) que formo por meio da percepção sensível das coisas particulares, ocupando-me, através de um exercício dialético, com o exame das proposições e relações acerca do que há de universal naquilo que examino por meio da razão. Se, em Platão, é por uma superação da percepção sensível que a busca pelo verdadeiro conhecimento se torna possível, em Aristóteles, é justamente pela percepção sensível que tal possibilidade se dá. Daí o próprio Aristóteles nos dizer que: "Nada está no intelecto que não tenha antes passado pelos sentidos". Em outras palavras: para Aristóteles, se nada percebêssemos empiricamente, não poderíamos entender ou aprender coisa alguma. A fonte do conhecimento seria, portanto, a própria experiência sensível, considerada por Platão uma fonte de ilusões. Aristóteles acata, em relação ao conhecimento, uma posição empirista segundo a qual o método adotado pelas ciências deveria ser a indução, as ciências devem avançar pelo exercício de uma observação sistematizada dos fenômenos, inferindo leis gerais a partir de tal observação. Esse salto inferencial somente seria possível pela presença do elemento universal que há em cada situação perceptiva. Foi com base nessa metodologia que Aristóteles fundou, no Mundo Antigo, a zoologia, por intermédio da observação e classificação de espécies individuais. Adotou, então, uma abordagem genuinamente empírica do conhecimento. Se para Platão, portanto, aquele que busca o conhecimento verdadeiro deve, primeiramente, se afastar de tudo aquilo que a percepção sensível revela com o intuito de relembrar gradativamente as Ideias enquanto Formas Puras, para Aristóteles, a partir da percepção sensível é que o conhecimento deve começar. Se para Platão, o modelo da matemática (em especial, o modelo da geometria) é a inspiração maior para a filosofia, para Aristóteles, o modelo que serve de inspiração para a filosofia advém da biologia, ciência que observa e classifica de forma sistematizada os seres vivos em relação ao meio ambiente.

Outro ponto a ser considerado na diferença do posicionamento filosófico de Aristóteles em relação à filosofia de Platão é o seguinte. Como vimos no capítulo anterior, Platão considerava os particulares menos reais que os universais (Ideias). Aristóteles adota uma abordagem radicalmente diferente para se pensar a relação entre particular e universal. Para ele, os particulares são as únicas entidades que têm uma existência separada e substancial. Entidades são indivíduos, e todo indivíduo é uma substância distinta com qualidades e atributos que lhes são inerentes. Assim, diferentemente do que nos mostra a filosofia de Platão, o *universal*, para Aristóteles, não existe separadamente das várias substâncias particulares que o constituem. Antes sim, é indissociável delas. Em outros termos, o universal não é uma parte de muitos (uma Ideia platônica), mas sim um entre muitos (uma essência aristotélica). Se Platão adota, com a sua Teoria das Ideias, certo dualismo entre Mundo Sensível e Mundo das Ideias, Aristóteles adotaria, então, um monismo, ou seja, para ele há uma só realidade, constituída por diversas substâncias individuais e seus atributos. Afirma-nos, entretanto, que essas substâncias individuais são compostas de matéria (*hylê*) e de forma (*eidos*). A matéria é o princípio de individuação (aquilo que faz com que a substância seja numericamente um indivíduo), ao passo que a forma é um princípio de determinação (a maneira como a matéria se organiza em cada indivíduo) que faz com que o indivíduo pertença a uma determinada espécie. Os indivíduos de uma mesma espécie teriam a mesma forma, distinguindo-se quanto à matéria, uma vez que eles se diferenciariam numericamente, se diferenciam quanto à sua localização no espaço e no tempo.

    De certo modo, com a distinção entre matéria e forma, deparamo-nos novamente com a ideia de um dualismo. É como se Aristóteles deslocasse o dualismo platônico para dentro da substância individual. No entanto, cabe ressaltar que matéria e forma são indissociáveis, isto é, a matéria jamais deixa de assumir uma dada organização e, deste modo, jamais deixa de fazer com que o indivíduo possua uma determinada forma, ao passo que a forma será sempre um indivíduo constituído de uma matéria. Portanto não existiriam, segundo Aristóteles, formas (ou Ideias Puras), tais como no Mundo das Ideias de Platão. Para Aristóteles, é o próprio intelecto humano que, por um ato de abstração, separa a matéria da forma no processo do conhecimento, relacionando os objetos que possuem a mesma forma, fazendo abstração de sua matéria. As formas ou ideias não existem em um mundo inteligível, independentemente das substâncias individuais. Sendo assim, para Aristóteles, não existiria **o** cavalo, mas sim, **este** cavalo, **aquele** cavalo etc. O ato de abstração do intelecto é o que identifica e separa a forma "cavalo" em cada cavalo individual. A ideia ou forma é, portanto, um princípio de determinação que faz com que um indivíduo pertença a uma determinada espécie. Mas apenas as substâncias existem, se não existissem indivíduos, nada existiria, nem gêneros, nem espécies.

Pode-se dizer, no que concerne às investigações metafísicas, que a filosofia aristotélica consiste em um esforço de mostrar a seus antecessores – os filósofos pré-socráticos e, de certo modo, a própria filosofia de Platão – que as discussões sobre o *ser* e sobre a *causalidade* somente poderiam avançar mediante a introdução de determinadas distinções, consideradas cruciais para a superação, por exemplo, do impasse pré-socrático entre monistas e mobilistas, bem como de tudo aquilo que havia sido dito até então sobre a investigação das origens das coisas pela busca do conhecimento das causas. No livro da *Metafísica* encontramos três distinções cruciais das quais resulta a elaboração da teoria aristotélica sobre o *ser*, quais sejam, as distinções entre: essência e acidente (livro E); necessidade e contingência (livro Z e H); ato e potência (livro O).

Para Aristóteles, a essência (ou a qualidade essencial de uma substância) constitui aquilo que faz com que a coisa seja aquilo que ela é, de modo que, se retiramos tal qualidade da coisa, ela perde a sua identidade, deixando de ser o que é. Já o acidente (ou a qualidade acidental de uma substância) é aquilo que a coisa manifesta, mas que não está diretamente ligado com aquilo que ela é, de modo que, se a coisa perde tal qualidade, nem por isso deixa de ser o que ela é. A qualidade acidental está ligada à matéria, ao passo que a qualidade essencial estaria ligada à forma.

A título de ilustração, poderíamos dizer que uma parede comporta inúmeras variações, portanto, inúmeras qualidades acidentais. Em outros termos, uma parede pode ser: alta, baixa, feita de cimento, feita de vidro, pintada de branco, pintada de azul, áspera, lisa, florida etc. Eis os seus acidentes. Afinal, não é o fato de ser alta, de ser lisa, de ser branca etc. que faz de uma dada substância individual uma parede. Essas qualidades acidentais poderiam ou não estar presentes na coisa e, nem por isso, ela deixaria de ser uma parede. São, portanto, qualidades contingentes. A contingência pode ser definida pela possibilidade do contrário. Consideramos contingente (ou acidental) tudo aquilo em que o contrário é possível. Se a coisa considerada pode ou não ter aquela qualidade, dizemos que tal qualidade da coisa em questão é contingente (a contingência é, portanto, quando o contrário daquilo que está sendo considerado é possível). Já a qualidade essencial é, no exemplo acima, aquilo que é invariável, isto é, aquilo que faz necessariamente com que uma dada coisa seja uma parede, independentemente de ser alta, baixa, lisa, florida etc., portanto, a despeito de suas qualidades acidentais. No exemplo em questão, o que faz de uma coisa uma parede é a sua capacidade de dividir ou de separar espaços, ou seja, estamos diante de algo que se mantém como uma condição necessária e invariável da coisa para que ela possa exibir, em ato, a forma parede e não outra forma qualquer. Se a qualidade acidental é contingente, a qualidade essencial é necessária, e necessário é aquilo que não admite a possibilidade do contrário e, portanto, está ligado à identidade da coisa. A distinção entre necessidade e contingência é, portanto, correlata da distinção entre *essência* e *acidente*.

    Outra distinção aristotélica importante é a distinção entre *ato* e *potência*. O ato é a forma que a substância expressa, mediante uma dada organização da matéria, naquele exato momento. Portanto, é a forma que a substância atualiza no aqui e agora. Já a potência diz respeito ao conjunto de formas possíveis que a coisa poderá atualizar, ainda que não tenha até o presente momento atualizado. Para citarmos um exemplo, podemos dizer – considerando a distinção acima – que uma semente é semente em ato e uma árvore em potencial. Já a árvore é árvore em ato e lenha em potencial. A potência envolve, portanto, todo o universo virtualmente presente das formas que a coisa poderá atualizar. Se o ato está confinado à forma que a coisa atualiza no presente, a potência é tudo aquilo que poderá, no futuro, se atualizar. Mas o que faz com que uma forma – antes presente na coisa apenas virtualmente – se atualize? Em outras palavras: o que faz com que a matéria se reorganize a ponto de levar a substância a exibir em ato uma forma que ela trazia consigo apenas potencialmente (ou virtualmente)? Para responder a questão temos de examinar um pouco mais de perto a própria teoria das causas primeiras de Aristóteles (conhecida como Teoria das Quatro Causas).

Como sabemos, o tema da explicação da origem das coisas encontra-se, no pensamento filosófico-científico, muito acentuado desde o século VI a.C. No capítulo III, vimos que o novo estilo de pensamento emergente entre os gregos a partir do referido século procurava explicar os fenômenos naturais a partir de causas puramente naturais, de modo que a própria ideia de *explicação* estava ligada à restituição do nexo causal entre os fenômenos da natureza. Em outras palavras: no pensamento filosófico-científico, se quero explicar um fenômeno natural, antes de qualquer coisa, devo concebê-lo como efeito de alguma causa natural. Portanto, explicar esse fenômeno consiste em evidenciar a causa natural que o determinou. Vimos no capítulo III que o modelo de explicação causal seria então adotado pelos gregos que, por sua vez, se depaririam com uma limitação, a saber: como explicar causalmente a causa primeira (*arché*) da natureza? Por mais elementar que fosse uma causa, pelo modelo de explicação causal, ela seria efeito de outra causa natural ainda mais elementar do que o seu efeito, gerando, com isso, uma espécie de regressão ao infinito.

A constatação do problema do regresso ao infinito, como vimos, levaria os primeiros filósofos a uma especulação sobre a causa primeira, o que inevitavelmente representaria, para esses filósofos, uma espécie de recaída no pensamento mítico. A filosofia pré-socrática já nascia, assim, marcada por este ímpeto especulativo acerca da natureza. O interesse pela *physis* fez com que os primeiros filósofos pré-socráticos ficassem conhecidos como fisiólogos. A especulação em torno da chamada causa primeira era, num primeiro momento, uma especulação que procurava tal causa na própria natureza e não mais fora dela, conforme se pensava no pensamento mítico. Os primeiros filósofos pré-socráticos procuram, portanto, uma explicação para a origem das coisas na própria natureza, apontando a **água**, o **ar**, a **terra**, o **fogo** como elemento primordial da *physis*. Já na Escola Italiana, ainda na primeira fase do Período Pré-Socrático, Pitágoras procura pensar o número como esta causa primeira, agora reduzida a um universo meramente formal. Portanto, para usar uma linguagem aristotélica, se os primeiros filósofos falam-nos apenas de causas materiais, procurando uma explicação para o mundo natural somente em termos de seus componentes materiais, os pitagóricos falam-nos, em um outro extremo, apenas de causas formais, pondo toda ênfase no número e na proporção (causa formal) às expensas da matéria. E ainda, segundo Aristóteles, Platão teria apenas usado causas formais e causas materiais em sua cosmologia. Para Aristóteles, a filosofia deveria ser sim uma busca do conhecimento das causas últimas das coisas. Ele elaborou uma doutrina fundamental no sentido de que há basicamente quatro tipos de causa: *causa material, causa formal, causa eficiente* e *causa final*. Essas causas seriam, segundo Aristóteles, os princípios determinantes da origem, existência e inteligibilidade de qualquer objeto dado. Como o nome já diz, a *causa material* remete-nos para uma pergunta acerca da matéria da substância individual, isto é, para uma investigação sobre aquilo de que ela é feita, do que a constitui (de que é feito x?). A *causa formal* remete-nos para a determinação desta substância, colocando-nos frente à pergunta sobre o que a coisa é em ato (o que é x?). A *causa eficiente* diz respeito ao que fez com que a substância viesse num dado momento a expressar em ato aquela forma, isto é, tudo aquilo que atuou sobre a matéria no sentido de reorganizá-la, levando à atualização de uma forma que, até então, encontrava-se na coisa apenas virtualmente, ou seja, como uma possibilidade ainda não atualizada (por que x é x?). E, por fim, a *causa final* estaria ligada à finalidade da coisa (para que serve x?). Para que se possa melhor entender o significado desses vários tipos de causa, podemos citar o famoso exemplo da estátua. Em termos aristotélicos, explicitamos perfeitamente a estátua quando afirmamos: (a) que ela é feita de bronze (*causa material*); (b) que foi concebida e feita por um escultor (*causa eficiente*); (c) que representa um atleta (*causa formal*); (d) que foi feita e erguida para comemorar e glorificar um vencedor olímpico (*causa final*). Os quatro tipos de causa constituiriam uma análise completa de todas as condições necessárias para a consideração de uma dada substância individual. Aristóteles entende que a concepção da filosofia como conhecimento das quatro causas representava a culminância da especulação grega anterior sobre a origem das coisas.

Aristóteles foi, sem dúvida, juntamente com Platão, uma das figuras de maior expressão da filosofia no Mundo Antigo, cuja obra exerceu fortes influências na história do pensamento filosófico no Ocidente. Foi quem primeiro sistematizou a filosofia no pensamento ocidental, deixando um importante legado nos campos da ciência (física, biologia, psicologia etc.), da lógica, da ética, da metafísica e da política. Seu modelo de ciência foi uma referência durante séculos, atravessando a Antiguidade e a Era Medieval. Tal modelo somente começaria a ser contestado a partir do século XV e, mais precisamente, no século XVII, com o surgimento da Revolução Científica. A filosofia aristotélica foi também uma referência no Mundo Medieval, particularmente, para a filosofia de São Tomás de Aquino, responsável por engendrar uma interpretação cristã do pensamento aristotélico, defendendo, com isso, uma espécie de *aristotelismo cristão*, hegemônico no Período da Escolástica. Seja como for, boa parte dos conceitos e das discussões filosóficas no Ocidente encontra-se formuladas já na obra de Aristóteles. Algumas das noções aristotélicas perdurariam também ao longo do Mundo Moderno. Basta lembrarmos que as *categorias* de sua lógica encontram-se presentes na filosofia crítica de Immanuel Kant, no final do século XVIII. Portanto, é, sem dúvida, uma das figuras de maior envergadura no pensamento Ocidental.

Bibliografia

ARISTÓTELES. *Metafísica – Livro I e Livro II*. Em: Col. Os Pensadores – Aristóteles. São Paulo: Abril, 1973.

LUCE, J. V. *Curso de filosofia grega. Do século VI a.C ao século III d.C*. Rio de Janeiro: Jorge Zahar Editor, 1994.

REALE, G. *Aristóteles – História da filosofia grega e romana IV*. São Paulo: Edições Loyola, 1994.

SONDEREGGER, E. Aristóteles – Um Retrato. em: Erler, M. & Graeser, A. *Filósofos da Antiguidade I. Dos Primórdios ao Período Clássico*. São Leopoldo: Editora UNISINOS, 2005.

Sugestão de Leitura

CAUQUELIN, A. *Aristóteles*. Rio de Janeiro: Jorge Zahar Editor, 1995.

CHÂTELET, F. *Uma história da razão* . Rio de Janeiro: Jorge Zahar Editor, 1994.

Temas para Debate

1. O lugar reservado à percepção sensível em Platão e em Aristóteles.

2. A indução como método e a biologia como inspiração para a filosofia

3. O *particular* e o *universal* na concepção aristotélica.

4. A filosofia como conhecimento das quatro causas segundo Aristóteles

11

A filosofia helênica e o problema da ética

> *Deve-se aprender a viver por toda a vida e, por mais que tu talvez te espantes, a vida toda é um aprender a morrer.* (Sêneca, *Sobre a Brevidade da Vida*)

O Período Helênico constitui o último dos períodos da filosofia na Antiguidade. Do ponto de vista histórico, o Helenismo se inicia em torno do século III a.C e se estende até os séculos IV-VI d.C. Alguns comentadores chamam-nos a atenção para o século IV d.C, pois, nesse século, deparamo-nos com pensadores que já trazem todo um estilo de pensar *teocêntrico* característico da Era Medieval, como é o caso, por exemplo, de Santo Agostinho, responsável por conciliar o pensamento cristão com a filosofia grega, particularmente, com a filosofia de Platão. Outros comentadores optam por enfatizar o século VI d.C, período no qual o imperador Justiniano instituí o cristianismo como religião oficial. Seja como for, o Período Helênico foi o maior dos períodos da filosofia na Antiguidade, perdurando por, pelo menos, sete séculos. Em linhas gerais, trata-se de um momento de decadência da civilização grega, momento no qual os gregos se viram dominados por outros povos, particularmente, pelos romanos. O termo helênico deriva de *helenos*, uma referência ao modo como os gregos eram conhecidos na sua origem (habitantes da *Hélade*, que, posteriormente, passaria a ser conhecida como Grécia).

Mas, se o momento é de dominação e de decadência para o povo grego, por que então homenagear o referido período com um nome que nos remete para a cultura grega na sua origem? É preciso lembrar que o império romano exerceu, nesse mesmo período, uma dominação sobre outros povos, como judeus, egípcios etc. No caso dos gregos, a dominação romana não foi uma dominação meramente territorial, mas, sobretudo, uma dominação cultural. Os romanos sabiam que uma das principais riquezas da civilização grega estava exatamente em toda a sua tradição cultural e folclórica, bem como em toda a sabedoria que os gregos puderam acumular ao longo dos séculos. Daí os romanos terem criado em Alexandria uma biblioteca que comportaria tudo o que houvesse de mais atualizado no campo das ciências, todo o conhecimento resultante de um trabalho exercido com afinco pelos gregos durante séculos. A vocação para a busca do conhecimento faz dos gregos uma referência no campo das ciências para os romanos, que, por sua vez, disseminam, por séculos, a cultura e o conhecimento acumulados pelos gregos por toda a região sob dominação do Império Romano.

No que se refere à filosofia helênica propriamente dita, cabe notar primeiramente que o Período Helênico é comumente lembrado pelos comentadores como sendo o Período Ético. Mas a que devemos tal designação? É bem verdade que a elaboração de teorias sobre a ética já estavam claramente formuladas no Período Clássico, tanto na filosofia de Platão como na filosofia de Aristóteles. Mas um olhar panorâmico sobre o helenismo permite-nos perceber o surgimento de teorias que se concentrarão em torno da problemática ética, mais precisamente em torno da questão do princípio ético que um homem deve assumir em vida para bem conduzir suas ações. A palavra ética deriva do grego *ethos,* que, por sua vez, pode ser pronunciado de dois modos distintos: com o **e** fechado ou com o **e** aberto. No primeiro caso, o termo remete-

-nos para a disposição (natureza ou caráter) de cada indivíduo no mundo, o modo como cada indivíduo reage mais imediatamente ao mundo ao seu redor (alguns são mais introspectivos, outros mais passionais, outros mais afeitos a atividades práticas etc.). Pronunciado com o **e** aberto, o termo remete-nos para a ideia de *hábito* (ou de costume). Não um hábito qualquer, mas o *hábito virtuoso*, o hábito que prima pela presença nas ações humanas do que os gregos chamavam de *areté* (virtude). A análise etimológica do termo *ethos* mostra-nos ainda que, em um sentido mais arcaico, o termo remete-nos para a ideia de *morada*. De certo modo, o hábito de um povo representa a morada deste povo. Em linhas gerais, haverá, por parte das filosofias helênicas, um consenso em reafirmar uma estreita associação entre *ética*, *virtude* e *felicidade*. A prática do hábito virtuoso é, como entenderão os helênicos, o que fomenta a tranquilidade da alma e, por conseguinte, torna possível o acesso à felicidade (*eudaimonia*), considerada um fim último da ação ética. Se o hábito não é ético, se não prima pela presença da virtude nas ações humanas, esse hábito será considerado vicioso. O *vício* será considerado o contrário da *virtude*. Se a prática do hábito virtuoso tem como fim a felicidade, o hábito vicioso instaura o conflito e, por conseguinte, conduz os homens ao caos. Se a ética se torna, já no Mundo Antigo, um domínio de investigações filosóficas, é, sobretudo, porque os pensadores não deixam de fazer indagações sobre o que vem a ser a virtude (*areté*).

Afinal, na relação com o outro, tomamos decisões, fazemos escolhas e engendramos ações. Como saber se essas decisões, escolhas e ações são virtuosas ou viciosas? Uma resposta para tal questionamento exige-nos um aclaramento da própria ideia de virtude. E é em torno desta ideia central na filosofia do helenismo que os pensadores gregos orbitam. Surgem diferentes modos de se pensar a ação virtuosa e, por conseguinte, a ação ética. De certo modo, notamos, nas principais correntes filosóficas do Período Helênico, a tendência a se pensar a ação virtuosa como uma *ação equilibrada*. Portanto, a tendência a se pensar a virtude como *equilíbrio*, uma ideia considerada cara ao pensamento oriental. E aqui é preciso lembrar que encontramos, em terras sob dominação do Império Romano, verdadeiras cidades cosmopolitas – cidades nas quais habitam povos de diferentes culturas, como gregos, judeus, egípcios etc. É o que acontece, por exemplo, na cidade de Constantinopla. Tal ecletismo em certas cidades localizadas em territórios sob dominação do Império Romano fez com que houvesse, no Período Helênico, uma aproximação considerável entre o Ocidente e o Oriente. Nesse mesmo período, deparamo-nos, do ponto de vista histórico, com um momento no qual o pensamento oriental exerce fortes influências sobre a filosofia grega. Sabe-se, por exemplo, que determinados pensadores gregos teriam feito incursões ao Oriente, tendo um contato mais próximo com mestres orientais. É o caso, por exemplo, do cético Pirro de Elis. Segundo contam os historiadores da filosofia, muito possivelmente Pirro teria tido contato com mestres ioguis, cujos hábitos serviriam de inspiração para modo pirrônico de conceber a virtude nas ações humanas.

Outro dado muito significativo das filosofias helênicas diz respeito à especificidade da filosofia nesse período, bem como da transmissão do ensino filosófico. Os diálogos e tratados de filosofia – como vimos, respectivamente, em Platão e em Aristóteles – darão lugar aos manuais de como bem conduzir a vida, apontando os princípios que devem ser praticados para que um homem seja feliz. Assim, as correntes de pensamento do helenismo tendem a conceber a filosofia como um modo de vida (*modus vivendi*). O filósofo é, por sua vez, a figura daquele que se ocupa em refletir sobre princípios éticos e, portanto, transmitir como um homem deve fazer para bem conduzir suas ações na vida prática.

No que concerne à transmissão do ensino filosófico, se Sócrates transmitia seus ensinamentos em praças públicas, Platão o fazia na Academia e Aristóteles no Liceu, em Atenas, os helênicos optam por lugares mais afastados dos grandes centros, restaurando um contato mais próximo com a natureza. Mestres e discípulos convivem em comunidades dentro das quais os discípulos não apenas procuram absorver os ensinamentos da vida prática com seus mestres, mas também viver os ensinamentos e praticar em suas comunidades tudo aquilo que aprenderam. O exemplo mais famoso encontra-se no próprio Jardim de Epicuro, um terreno arborizado (o *kêpos*) no qual conviveram, em um modelo de comunidade, Epicuro e seus discípulos. Vejamos, então, como cada uma das principais correntes filosóficas do Período Helênico respondeu à indagação pela virtude nas ações humanas.

Epicuro de Samos nasceu em 341 a.C, na ilha de Samos. Sua família fixara residência na ilha em 352 a.C. Ele cultivava boa relação com a família, incluindo os três irmãos que, mais tarde, se tornariam adeptos de sua filosofia. Segundo fontes doxográficas, o interesse de Epicuro pela filosofia teria despertado já aos 14 anos. Durante três anos, estudou em Téos com o democritiano Nausífanes, que, por sua vez, participou, com Pirro, na expedição militar de Alexandre ao Oriente, desempenhando um papel importante no desenvolvimento intelectual de Epicuro. Após passar alguns anos de sua vida em Cólofon, no ano de 307 a.C (ou 305/4 a.C), Epicuro mudou-se para Atenas, juntamente com parte de seus alunos e amigos, comprando nesta cidade um terreno ajardinado (o *kêpos*), onde fundou uma escola como comunidade dos que filosofam conjuntamente. Epicuro valorizava, em sua comunidade, a amizade e a solidariedade entre seus alunos. Após suportar com serenidade uma longa doença, morreu em Atenas aos 72 anos, no ano de 271/270 a.C.

No Período Helênico, Epicuro fundou uma das correntes filosóficas de maior influência nesse período. Como as demais correntes filosóficas do helenismo, os epicuristas nos apresentam uma concepção do que é *ação virtuosa* e, portanto, do que é *hábito ético*. Afinal, o que um homem deve fazer em vida para ser feliz? Qual deve ser o princípio praticado por um homem para bem conduzir suas ações? Para o epicurismo, o homem vive e experimenta o mundo a partir das sensações (*aisthésis*). A percepção humana do mundo se dá em função da abertura que seus sentidos lhe conferem. As sensações desempenham, portanto, um papel fundamental na formação do conhecimento humano, bem como na interação do homem com a natureza e com os demais seres. O epicurismo delinea seus princípios éticos reconhecendo a importância dos sentidos e seu papel para o homem, uma vez que é com base nas sensações de dor e de prazer que os comportamentos humanos se organizam. Os epicuristas entendem que, do ponto de vista ético, o homem deve priorizar em suas ações a obtenção do prazer em detrimento da dor. Defendem, portanto, quando discutem a ética, um princípio *hedonista* (hedonismo vem do grego *hedoné*, que significa prazer). Cabe notar que, para o epicurismo, o termo *prazer* é concebido em um sentido bastante amplo, designando, fundamentalmente, a satisfação dos sentidos. A dor seria, por sua vez, resultante da não satisfação dos sentidos. As ações humanas ou bem resultam no prazer ou bem resultam na dor. Os homens devem, portanto, praticar o hedonismo como um hábito (ou costume), entendendo que o hábito que prima pela presença da virtude nas ações humanas deva, enquanto um hábito ético, obrigatoriamente passar pela prática hedonista. Ao contrário, os hábitos viciosos são aqueles cujas ações resultam na dor. Há, portanto, no epicurismo uma estreita aproximação entre virtude e prazer. Na concepção epicurista, o prazer é o que geraria a tranquilidade da alma, a estabilidade das sensações e a satisfação do corpo.

Os epicuristas alertam para a importância de se priorizar, em tal hábito virtuoso, uma busca comedida do prazer, pois, obtido em excesso, o prazer joga-nos novamente na dor e, com isso, joga-nos na ação viciosa. Assim, para os epicuristas, o princípio ético a ser praticado como hábito virtuoso pelos homens é o que nós poderíamos designar como *hedonismo moderado*. Aqui, a ideia do *equilíbrio* nas ações fica bastante evidente, uma vez que os homens devem, do ponto de vista ético, evitar ações extremas: tanto aquelas que resultam na dor como as que resultam em uma obtenção excessiva e desmedida do prazer, o que, inevitavelmente, também conduziria à dor.

Uma segunda escola filosófica importante que encontramos no Período Helênico é o *estoicismo*. Fundada por um cipriota chamado Zenão (335-263 a. C), um pensador de origem fenícia que havia se fixado em Atenas e que, provavelmente, frequentara a Academia, a escola estoica surge em Atenas no fim do século IV a.C. Os comentadores contam que Zenão costumava fazer preleções num pórtico conhecido como Pórtico Pintado (*stoa poikilé*), onde os membros da escola se reuniam. O termo *estoicismo* deriva do nome atribuído ao local de encontro. A doutrina estoica antiga foi desenvolvida e elaborada pelos discípulos e sucessores de Zenão, Cleantes (331-232 a.C) e Crisipo (280-206 a.C). O estoicismo concebe a filosofia de forma sistemática, dividindo-a em três partes fundamentais: *física, lógica* e *ética*. A relação entre essas partes é comumente explicada por meio da metáfora da árvore. A física corresponderia à raiz, a lógica ao tronco e a ética aos frutos. A parte mais relevante seria a da ética, pois, representaria os frutos que podemos colher da árvore do saber; porém, não podemos tê-los sem as raízes e o tronco. Tal concepção permite-nos notar a estreita relação que há, no estoicismo, entre a física e a ética.

Os estoicos assumirão, tal como os epicuristas, um posicionamento em relação ao questionamento sobre a virtude (*areté*) e, portanto, sobre a ética, a saber: qual deve ser o princípio a ser adotado como critério para bem conduzir a minha vida prática, para bem conduzi-la como hábito que me permita viver uma vida feliz? O aforismo ético fundamental dos estoicos é o de que as pessoas aspirem viver de acordo com a natureza. Tal aforismo deve ser entendido não como um movimento de volta à natureza, mas, sim, como significando viver segundo a verdadeira natureza das pessoas como seres racionais. A exaltação estoica da razão envolvia um desprezo equivalente pelo prazer e pela emoção. Contrariando os epicuristas, os estoicos defendem uma espécie de anti-hedonismo no modo de viver, embora alguns admitissem que nem todos os prazeres fossem contrários à natureza. Para eles, a felicidade encontra-se diretamente ligada à presença de um estado de tranquilidade e equilíbrio da alma humana. O que promove a ausência de tal tranquilidade na alma humana, enfraquecendo os homens nos momentos decisivos, são as próprias emoções, que, incontroladas, determinam o destino dos homens, levando-os a praticar hábitos que os colocam na direção do caos, afastando-os da felicidade. As restrições estoicas são dirigidas principalmente às emoções mais violentas, mas qualquer emoção pode ser vista como uma espécie de defeito da alma, algo análogo à doença do corpo.

Os estoicos mais antigos eram contrários à emoção por considerá-la incompatível com o autodomínio racional. Zenão chegava mesmo a conceber a emoção como um movimento do espírito contrário à razão e à natureza, um impulso para o excesso. Os homens que se deixam tomar pelas emoções, isto é, que não conseguem domá-las, que não alcançam um domínio sobre si mesmos a fim de se sobreporem ao desejo, caem de fraqueza nos momentos decisivos da vida. Tal concepção ética remete-nos para o ideal da *apátheia*, cujo significado seria o de uma ausência de emoções intensas. Para os estoicos, a *apathia* designava um estado de espírito no qual alguém cumpriria seus deveres sem que estivesse, de modo algum, dominado pela emoção. Os estoicos entendiam que se alguém chegasse a tal estado de espírito seria feliz, pois a felicidade consistiria exatamente na ausência de perturbações da mente e não presença da satisfação corporal.

Sendo assim, para o estoicismo, a ação ética passa pelo controle das emoções. Daí o sentido do preceito estoico: "Domina-te e suporta". Para o estoicismo devemos, do ponto de vista ético, nos momentos decisivos, controlar nossas emoções em favor da presença da racionalidade. Os homens que melhor decidem são aqueles que, nesses momentos, primam por uma frieza racional em detrimento das emoções, cuja presença determina a intranquilidade interior. É preciso, segundo a ética estoica, ter a frieza necessária para que, por meio do raciocínio, se possa ter clareza do que está em jogo em cada uma de nossas escolhas. Somente assim conseguiríamos bem escolher, pois, do contrário, seríamos vítimas de nossas próprias paixões e, com isso, decidiríamos e escolheríamos tomados por nossas emoções, sem ter clareza do que estaria em jogo nas decisões e escolhas. A escolha da ação certa constitui a virtude e leva inevitavelmente à felicidade. Portanto, para os estoicos, a ação virtuosa deve primar pelo autodomínio racional em detrimento das emoções.

E, por fim, ainda dentro dessa discussão sobre a ética no Período Helênico, deparamo-nos com a contribuição do *ceticismo*, corrente de pensamento fundada por Pirro de Élis (c. 365-360 – c. 275-270 a.C), que, diga-se de passagem, nada escreveu sobre seus ensinamentos. O que sabemos do que pensou nos foi transmitido por seu discípulo Tímon de Fliús (320-230 a.C). Para o ceticismo antigo, conhecido como *ceticismo pirrônico*, a felicidade é decorrente da presença da tranquilidade na alma humana, de modo que o conflito no interior do homem é produzido pelo ato de julgar (o juízo que fazemos das coisas é o que fomenta o conflito interior). Não há juízo que não esteja apoiado em algum *critério*, seja para afirmar, seja para negar algo sobre alguma coisa. Os céticos partem da constatação de que não há um critério neutro (ou imparcial) que nos permita julgar algo com segurança, de modo que todo juízo de valor é um juízo apoiado em critérios parciais, ou seja, *arbitrários*. Portanto, para os céticos pirrônicos, sempre haverá juízos contraditórios das coisas, de modo que não haveria meios de se determinar qual dos juízos formulados seria o *juízo verdadeiro*. Se todo juízo que fazemos encontra-se apoiado em algum critério parcial, que critério utilizaríamos, então, para adotar um ou outro critério? Tal questionamento nos levaria há uma regressão ao infinito, no sentido de que nos perguntássemos pelo critério utilizado para adotar um ou outro critério, e assim por diante. Dada a constatação de que não dispomos de um critério imparcial que nos permitisse, com segurança, afirmar ou negar algo acerca de alguma coisa, para os céticos, do ponto de vista ético, o melhor que podemos fazer é optar pela prática de *epoché*, que em grego significa *suspensão de juízo*. "Não afirmo, tampouco nego nada sobre coisa alguma: opto por praticar a suspensão de juízo em relação às coisas." A prática habitual da *epoché* é, segundo o ceticismo, o que viabiliza a tranquilidade da alma e, com isso, a possibilidade de uma vida feliz.

Por enfatizarem uma estreita associação entre a *tranquilidade da alma* e a *felicidade*, as concepções éticas do Período Helênico ficaram conhecidas como éticas da ataraxia (*ataraxia*, termo grego que significa ausência de conflito, ausência de perturbação etc.).

A prática da *epoché* conduziria, se transformada em hábito, a um estado de ataraxia que, por sua vez, recairia em *aphasia* (ausência de fala), em *aphatia* (ausência de sensações) e em *apraxia* (ausência de ações). A consequência prática do exercício da *epoché* seria a inexistência de qualquer envolvimento apaixonado com as coisas, uma vez que não sabemos, segundo os céticos, o que realmente poderíamos estar desejando. Pode-se dizer, então, que o cético se torna um observador desinteressado, apenas percebendo, com tranquilidade inabalável, a mutabilidade aparente das coisas. Talvez o ceticismo pirrônico seja, de todas as correntes do helenismo, aquela que mais fortemente sofreu influências do pensamento oriental. Há especulações de que Pirro, antes de retornar para a Grécia e fundar o ceticismo, teria feito incursões no Oriente e, na ocasião, teria tido contato com mestres iogues para os quais o alcance da tranquilidade interior passaria por um esvaziamento da mente de pensamentos. Seja como for, também com o ceticismo deparamo-nos, uma vez mais, com a ideia segundo a qual a ação ética deva primar pela presença de certo *equilíbrio* – de um afastar-se do excesso e da escassez – nas ações humanas.

Por se concentrarem no âmbito da experiência mundana, *epicurismo, estoicismo* e *ceticismo* são considerados pensamentos da imanência. Ambas as correntes filosóficas procuram apontar, no próprio terreno da experiência, da relação com o outro, qual o princípio a ser praticado pelos homens como um hábito ético. Toda a discussão, como vimos, fica então por conta do que vem a ser ao certo o que os gregos chamavam de *virtude,* pois é a prática habitual da virtude o que poderia conduzir o homem a uma vida feliz. A felicidade aparece, por sua vez, como o fim último da ação ética.

BIBLIOGRAFIA

ERLER, M. & GRAESER, A. (orgs.). *Filósofos da Antiguidade. Do Helenismo à Antiguidade tardia*. São Leopoldo: Editora UNISINOS, 2005.

FARRINGTON, B. *A doutrina de Epicuro* . Rio de Janeiro: Jorge Zahar Editor, 1968.

MOMIGLIANO, A. *Os limites da Helenização*. Rio de Janeiro: Jorge Zahar Editor, 1991.

POPKIN, R. H. *Ceticismo*. Organizador: Emílio M. Eigenheer. Niterói-RJ: EDUFF, 1996.

Sugestão de Leitura

QUARTIM DE MORAES, J. *Epicuro. As Luzes da Ética*. Coleção Logos. São Paulo: Moderna, 1998.

SÊNECA. *Sobre a tranquilidade da alma. Sobre o ócio*. Tradução, notas e apresentação de José Rodrigues Seabra Filho. Edição Bilíngue. São Paulo: Nova Alexandria, 1994.

Temas para Debate

1. Qual princípio prático deve prevalecer na minha relação com o outro?
2. O que um homem deve fazer em vida para ser feliz: agir por prazer ou agir por dever?
3. A felicidade e a tranquilidade da alma são indissociáveis?
4. Como podemos entender a distinção entre ética e moral?

12

Platonismo e aristotelismo cristãos na Idade Média

> *Quem conhece a Verdade, conhece a Luz Imutável, e quem a conhece, conhece a Eternidade.* (Santo Agostinho, *Confissões*)

> *Nenhuma coisa pode ser falsa se comparada com a inteligência de Deus.* (São Tomás de Aquino, *Questões Discutidas sobre a Verdade*)

Um exame do platonismo na Idade Média remete-nos, inevitavelmente, para a filosofia de Santo Agostinho (354-430 d.C). Ainda ligado aos clássicos – mas refletindo em sua visão de mundo as grandes mudanças pelas quais passaria a sua época –, Agostinho prenuncia o papel que o cristianismo teria na formação da cultura ocidental. Assim, exerceu fortes influências na elaboração e consolidação da filosofia cristã na Idade Média, até a redescoberta do pensamento de Aristóteles no século XIII com São Tomás de Aquino. A aproximação que elaborou entre a filosofia de Platão e o cristianismo constitui a primeira grande síntese entre o pensamento cristão e a filosofia grega, resultando no que se convencionou chamar de *platonismo cristão*. A filosofia de Santo Agostinho foi elaborada a partir de uma aproximação do neoplatonismo de Plotino com os ensinamentos de São Paulo. O platonismo é visto, na linha da Escola de Alexandria, como antecipando o cristianismo, agora concebido como a Verdadeira Filosofia. Para Santo Agostinho, a filosofia antiga consiste em uma espécie de *preparação da alma*, útil para a compreensão da verdade revelada, mas a *sabedoria do mundo* é limitada, pois, no que se refere aos ensinamentos religiosos, faz-se necessário crer para depois entender (*credo ut intelligam*), tal como no versículo de Isaías: "Se não crerdes, não entendereis". Faz-se necessário transformar as verdades acreditadas em certezas rigorosamente racionais, com o intuito de tornar ainda mais vivo e profundo o mesmo ato de Fé. Para Santo Agostinho, a verdadeira e legítima ciência é a Teologia, cuja importância consiste em preparar a alma humana para a salvação e para a visão de Deus.

Santo Agostinho concentra-se, então, na seguinte questão: como pode a mente humana (falível, limitada etc.) atingir uma verdade eterna com certeza infalível? Sua resposta a essa questão encontra-se em sua teoria da iluminação divina, elaborada com base na teoria platônica da reminiscência. A posição de Santo Agostinho se assemelha, em muitos aspectos, à posição apresentada por Platão em seu diálogo *Ménon*, diálogo no qual se discute o que é a virtude e se ela poderia ser ensinada. A resposta de Platão é a de que a virtude não pode ser ensinada; ou já a trazemos conosco ou nenhum mestre seria capaz de introduzi-la em nossa alma, uma vez que a virtude seria uma característica da própria natureza humana. A função do filósofo seria exatamente a de despertar essa virtude adormecida na alma de todos os indivíduos.

No diálogo *De magistro* – após uma detalhada consideração sobre a natureza do signo e do processo de comunicação – Santo Agostinho conclui que, por causa da sua convencionalidade, o signo linguístico não pode ter qualquer valor cognitivo mais profundo, ou seja, não é por meio de palavras que conhecemos, logo não podemos transmitir conhecimento pela linguagem. A possibilidade de conhecer supõe algo de prévio que torna inteligível a própria linguagem. Sua posição supõe, assim, na mesma direção da filosofia platônica, que o conhecimento não pode ser derivado inteiramente da experiência sensível, necessitando de um elemento prévio que sirva de ponto de partida para o próprio processo de conhecer.

Santo Agostinho desenvolve a sua teoria da interioridade e da iluminação, segundo a qual o homem descobre a verdade olhando para o seu interior (*in interiore homine habitat veritas*). Essa interioridade é capaz de entender a verdade pela iluminação divina (*lúmen naturale*, a Luz Natural). A mente humana possui uma centelha do intelecto divino, já que o homem foi criado à imagem e semelhança de Deus. Iluminando a nossa mente, Deus deporia em nós muitos conhecimentos que seriam posteriormente utilizados pela alma à medida que os mesmos fossem sendo recordados. A teoria da iluminação vem assim explicar o ponto de partida do processo de conhecimento, abrindo o caminho para a fé.

A temática da ética – tão fortemente discutida no Período Helênico – ganha lugar de destaque com a filosofia de Santo Agostinho. Entretanto, a referida temática será agora estreitamente associada à questão do livre-arbítrio e ao problema do mal, temas amplamente discutidos na filosofia medieval. Afinal, se Deus é um ser perfeito, sumamente bom (*summum bonum*), como justificar a presença do mal no mundo? Contrariando a doutrina maniqueísta fundada por Mani (216-277), sacerdote de origem síria, para a qual haveria duas forças no Universo – o Bem contra o Mal – em constante conflito, Santo Agostinho afirma-nos, inspirando-se em Platão, que há somente uma entidade: o bem. O que seria, então, para ele, o que chamamos de mal? Como explicar o mal se Aquele que tudo criou é um Ser Perfeito? Qual a relação do problema do mal com a discussão sobre ética? Para Santo Agostinho, só há o bem, de modo que o que chamamos de mal não é senão o resultado da escolha que os homens fazem ao optarem por se privar do bem. Mas por que os homens – entes criados à semelhança e imagem de Deus – optam, por vezes, por este caminho na sua relação ao outro? Como Ser Perfeito, em sua suma Bondade, Deus não poderia nos ter criado de tal modo que somente pudéssemos escolher o bem, ficando, com isso, livre da possibilidade de escolher o caminho que nos conduzisse à referida privação? Mas, segundo Santo Agostinho, se Deus nos criasse assim, estaria nos determinando, de forma permanente, para o bem, retirando-nos, assim, a possibilidade de escolha e isentando-nos de responsabilidade por nossas decisões, escolhas e ações. Se estivéssemos permanentemente inclinados para o bem, não teríamos possibilidade de exercer o livre-arbítrio (*liberum arbitrium*) nem tampouco teríamos responsabilidade por nossos atos, o que inviabilizaria, segundo Santo Agostinho, a possibilidade de Deus exercer a Justiça Divina, recompensando ou punindo os homens pelas escolhas que fizeram. Sem tal possibilidade, se tornaria inviável a própria discussão sobre a ética, a saber: o que deve prevalecer na minha relação com o outro para bem conduzir as minhas ações? Há, portanto, em Santo Agostinho, uma estreita aproximação entre ética, livre-arbítrio e o problema do mal, que, por sua vez, ganha lugar de destaque na filosofia medieval, no referido período da história da filosofia no Ocidente.

A redescoberta da filosofia de Aristóteles adquire contornos mais nítidos a partir do século XIII, com a obra de São Tomás de Aquino. Pensador de grande criatividade e originalidade, São Tomás desenvolveu uma filosofia própria com forte sentido sistemático, tratando praticamente de todas as grandes questões da filosofia e da teologia de sua época, tomando Aristóteles – e não mais o platonismo e o agostinianismo – como ponto de partida para a elaboração de seu sistema filosófico. São Tomás procura mostrar que a filosofia de Aristóteles é perfeitamente compatível com o cristianismo, abrindo, assim, um novo encaminhamento para o pensamento cristão. Tal compatibilidade da filosofia aristotélica com o pensamento cristão fica fortemente evidenciada nas argumentações apresentadas por São Tomás de Aquino para provar a existência de Deus, conforme veremos no capítulo seguinte.

Um olhar panorâmico sobre a filosofia tomista permite-nos perceber uma espécie de *triângulo* constituído por três elementos principais, distribuídos hierarquicamente: Deus (Verdade Primeira ou Incriada, princípio de todas as coisas, meio para conhecê-las e o fim último para o qual elas tendem); o homem, ente especial criado à imagem e semelhança de Deus, ente dotado de uma alma que, por sua vez, possuiria duas faculdades, a da *vontade* (responsável pelo livre-arbítrio) e a *intelectiva* (capaz de conhecer por meio da concordância das representações que se formam no próprio intelecto com os entes mundanos); e os entes mundanos existentes fora da alma humana (*extra anima*). A ideia do conhecimento verdadeiro como "correspondência entre o intelecto e as coisas" assume, portanto, um lugar de destaque no pensamento de São Tomás de Aquino.

Na obra de São Tomás, particularmente em *Quaestiones Disputatae de Veritate* (*Quaestio Prima*), deparamo-nos com algumas considerações importantes sobre o tema em questão. Logo no Artigo Primeiro da referida obra, São Tomás afirma-nos que a alma é dotada de duas faculdades: uma cognoscitiva e outra apetitiva. Enquanto a concordância do ente com a segunda faculdade se exprime com o termo *o bem*, no sentido de que "o bem é aquilo a que *tendem* todas as coisas", a concordância do ente com a primeira faculdade expressa-se no termo *verdadeiro*. Com efeito, toda cognição se efetua, segundo São Tomás de Aquino, mediante concordância do intelecto com a coisa conhecida, de modo que tal concordância passa a ser concebida como a causa da cognição (*causa cognitionis*). O ente não pode ser conhecido se não corresponder ao intelecto ou com ele não concordar. Eis o que, na tradição filosófica do Ocidente, se convencionou chamar de "concepção da verdade como correspondência".

No Artigo Segundo, São Tomás de Aquino afirma-nos que o complemento ou a plenitude de qualquer movimento é constituído pelo seu fim ou termo. Se o movimento da faculdade *cognoscitiva* encontra o seu termo na própria inteligência – pois a coisa conhecida deve necessariamente encontrar-se *na* inteligência que conhece, segundo o modo característico desta última (*modum cognoscentis*) –, a faculdade *apetitiva* encontra o seu termo nas coisas. Segundo São Tomás de Aquino, eis a razão pela qual Aristóteles estabelece, na parte III do *De Anima* (comentário 54 e seguinte), certo circuito nos atos da alma e da inteligência (*circulum quendam in actibus animae*), em que o objeto que está fora da inteligência a põe em movimento; o objeto conhecido desperta a faculdade apetitiva, e esta faz com que a inteligência retorne ao objeto, do qual partiu todo o processo cognoscitivo. Na medida em que o bem se encontra correlacionado à faculdade apetitiva e o verdadeiro se relaciona com o intelecto, Aristóteles afirma-nos, no comentário nono, do livro VI de sua *Methaphysicae*, que o bem e o mal encontram-se nas coisas, ao passo que o verdadeiro e o falso encontram-se na inteligência. Nesse sentido, uma coisa só se diz verdadeira na medida em que concorda ou corresponde à inteligência que a conhece.

Para São Tomás de Aquino, a coisa criada encontra-se situada entre duas inteligências: a divina e a humana; denominando-se verdadeira segundo a sua conformidade com ambas. A coisa se conforma à inteligência divina (*intellectum divinum*) à medida que cumpre a função para a qual foi destinada por essa mesma inteligência. Por outro lado, a coisa criada denomina-se verdadeira quando se conforma à inteligência humana (*intellectum humanum*), fornecendo base para um julgamento correto (analogamente, dizemos que uma coisa é falsa quando ela aparenta algo que na realidade não é). Aqui, São Tomás de Aquino chama-nos a atenção para duas acepções da verdade: a primeira reside na coisa antes da segunda – visto que a conformidade da coisa criada com a inteligência divina é anterior à conformidade com a inteligência humana. Por conseguinte, mesmo que não houvesse inteligência humana, as coisas continuariam a denominar-se verdadeiras em relação à inteligência divina, pois "nenhuma coisa pode ser falsa se comparada com a inteligência de Deus". No que concerne a esse ponto, São Tomás afirma-nos que, com respeito ao intelecto de Deus, toda coisa é em si verdadeira. Ao contrário, a comparação (da coisa) com a inteligência humana é acidental, pois, em relação a ela, a coisa não se pode denominar sempre absolutamente verdadeira.

O intelecto humano desdobra-se, segundo São Tomás, em um intelecto que forma as quididades das coisas (*intellectus quiditatem rerum formantis*) e em um intelecto que exerce atividade sintetisante e analisante (*intellectus componentis e dividentis*), fornecendo-nos um juízo sobre as coisas. O conceito de verdade se verifica na inteligência humana primariamente a partir do momento em que esta começa a possuir algo de próprio, que a coisa (ou ente) existente fora da inteligência não possui; algo que não deixa, contudo, de corresponder à coisa, assegurando com isso a concordância entre ambos (entre a inteligência e a coisa). O intelecto formador das quididades somente possui uma imagem da coisa existente fora do espírito, ao passo que o intelecto sintetisante e analisante encarrega-se de fazer um julgamento sobre a coisa. É a respeito da atividade exercida pelo intelecto formador de juízos que São Tomás de Aquino situa o que há de próprio no intelecto humano, algo que não se encontra na própria coisa. Quando aquilo que se encontra na coisa extrínseca concorda com o julgamento da inteligência, dizemos que o julgamento é verdadeiro. Residindo no próprio intelecto, a conformidade com as coisas pressupõe tanto a possibilidade de apreensão das coisas (que estariam fora da alma) mediante imagens como a formação de juízos verdadeiros, conforme o modo característico da inteligência que conhece (*modum cognoscentis*).

Bibliografia

GHISALBERTI, A. *As raízes medievais do pensamento moderno.* Coleção Filosofia – 131. Porto Alegre: EDIPUCRS, 2001.
SANTO AGOSTINHO. *O mestre*. São Paulo: Landy Editora, 2000.
___. *Confissões*. Petrópolis: Editora Vozes, 2002.
SÃO TOMÁS DE AQUINO. *Questões discutidas sobre a verdade.* Em: Coleção Os Pensadores – São Tomás de Aquino, Dante Alighieri, John Duns Scot, William of Ockham. São Paulo: Abril, 1973.

Sugestão de Leitura

GILSON, E. *A Filosofia na Idade Média.* São Paulo: Martins Fontes, 1995.
SCIACCA, M. F. *História da Filosofia I. Antiguidade e Idade Média.* São Paulo: MESTRE JOU, 1967.

Temas para Debate

1. A virtude pode ser ensinada ou já a trazemos conosco?
2. Se Deus é perfeição, como explicar a presença do mal no mundo?
3. Como podemos entender a relação entre Deus, o homem e as coisas em São Tomás de Aquino?
4. A relação entre a faculdade intelectiva e as coisas fora de nós em São Tomás de Aquino.

13

Provas da existência de Deus na filosofia medieval

> *O ser do qual não se pode pensar nada maior existe, sem dúvida, na inteligência e na realidade.* (Santo Anselmo, *Proslogion*)

> *A verdade sobre Deus, investigada pela razão, só a atinge poucos, com muito tempo... agora bem, do conhecimento desta verdade depende toda a salvação do homem, que está em Deus...* (São Tomás de Aquino, *Suma Teológica*)

Quando tratam dos argumentos racionais para demonstrar a prova da existência de Deus na filosofia medieval, os comentadores inevitavelmente recorrem ao pensamento de Santo Anselmo. Trata-se de uma referência para as discussões em torno da prova racional da existência de Deus no Período Medieval. A Santo Anselmo atribuem a autoria da formulação de um argumento que ficou conhecido como *argumento ontológico*. Esse mesmo argumento seria, em uma nova versão, retomado por René Descartes no século XVII para a demonstração racional da existência de Deus, em sua Quinta Meditação. Trata-se de um dos argumentos mais conhecidos da tradição filosófica no Ocidente, tendo sido alvo de questionamentos por parte de outros filósofos da Idade Média, dentre os quais São Tomás de Aquino, uma das figuras de maior expressão da filosofia no Período Medieval.

Santo Anselmo formula esse argumento em seu pequeno tratado intitulado *Proslogion* (Caps. I-IV) como uma prova racional da existência de Deus, procurando demonstrar que a mera concepção da ideia de Deus como um Ser Perfeito permite-nos concluir a sua existência. Portanto, alguém que entenda essa ideia não pode, do ponto de vista racional, duvidar da existência de Deus. Daí o sentido do argumento em questão ter sido conhecido como *argumento ontológico*, pois tal argumento pretende fazer a passagem de um domínio meramente conceitual (o assentimento da ideia de Deus como um Ser Perfeito) para um domínio ontológico, ao se afirmar a *existência* do Ser Perfeito. Tal afirmação seria uma decorrência inevitável da mera concepção da ideia de Deus. Segundo esse argumento, o aclaramento da ideia de Deus – concebido como Aquele acima do qual nada maior pode ser pensado – inevitavelmente leva-nos a afirmar a sua existência.

Apesar de implicações bastante complexas, o argumento tem uma estrutura simples. Santo Anselmo começa tomando como exemplo uma passagem dos Salmos (14, I): "Diz o insensato em seu coração: 'Deus não existe'. Ora, o insensato não compreende o termo Deus e seu significado, a saber, o Ser acima do qual nada maior (ou mais perfeito) pode ser pensado". Caso contrário, não poderia negar a existência de Deus. Em seguida, Santo Anselmo passa a discutir se Deus existe apenas no intelecto (*esse in intelectu*), como algo que possa ser pensado, ou na realidade (*esse in re*), como algo de fato existente. Segundo o argumento ontológico, um ser do qual não se pode pensar nada maior não poderia existir somente no pensamento de cada homem; caso contrário, poderia pensar algo maior, que existisse também na realidade, uma vez que existir na realidade é mais do que existir no pensamento. Portanto, conclui

Santo Anselmo, o ser do qual não se pode pensar algo maior deve existir não só no pensamento, mas também na realidade.

A conclusão de Santo Anselmo é a de que não se pode pensar a inexistência de um Ser do qual nada de maior pode ser pensado sem cair em contradição. A razão nos força – no argumento em questão – à mera consideração da ideia de Deus como "o Ser acerca do qual nada de maior pode ser pensado", a admitir a existência de Deus, sob pena de cairmos em contradição lógica caso não façamos tal passagem da afirmação da *ideia* para a afirmação da *existência*. Desse modo, para Santo Anselmo fica provada a existência de Deus.

As implicações do argumento de Santo Anselmo foram discutidas à exaustão na filosofia medieval. No decurso do tempo, o argumento em questão separou pensadores que, de um modo ou de outro, afirmaram ou negaram tal argumento. Todos os pensadores medievais que, como São Boaventura, admitem a iluminação intelectual não põem em dúvida a validade do argumento proposto por Santo Anselmo. Entretanto, já em sua época, o monge Gaunilo levantou objeções ao argumento ontológico, em seu *Livro em defesa de um insipiente* (*Líber pro Insipiente*). Segundo ele, caso adotássemos a mesma linha de argumentação apresentada por Santo Anselmo, o simples fato de pensarmos na ilha perdida, a ilha mais perfeita, já seria suficiente para afirmarmos a sua existência. Santo Anselmo respondeu, em seu *Líber apologeticus*, que apenas Deus é o Ser Necessário e, por isso, é diferente da ilha ou de qualquer outra coisa. Assim, o argumento somente seria aplicável a Deus, introduzindo a noção de *necessidade* como noção central para o argumento ontológico, de forma que seria contraditório afirmar que o Ser Necessário não existe. Daí Santo Anselmo dizer que Deus é o *ens realissimum* (o ser mais real). Portanto, para Santo Anselmo, se a ideia de Deus como um Ser Perfeito e necessário não contém contradição, Deus deve existir, pois seria uma contradição falarmos de Deus como um Ser Necessário meramente possível.

Na *Summa contra Gentiles* e na *Summa Theologica*, São Tomás de Aquino afirma-nos que o argumento ontológico fornecido por Santo Anselmo envolve um processo ou transição ilícita do que é meramente *ideal* para o que é *real*. Segundo São Tomás de Aquino, a concepção de Deus como "um Ser do qual nada maior pode se pensar" não nos autoriza a concluir necessariamente que tal Ser exista (alerta-nos, portanto, para a distinção entre "ser no intelecto" e "ser na realidade"). São Tomás de Aquino acrescenta que o intelecto não tem conhecimento *a priori* da natureza de Deus, afirmando que a demonstração da existência de Deus deve se dar *a posteriori*, tendo como ponto de partida os efeitos da ação criadora de Deus que nos são conhecidos.

Uma objeção que surge no artigo II da segunda questão do primeiro tratado (Tratado de Deus) da *Summa Theologica* é a de que seria impossível demonstrar a existência de Deus, concebido como um Ser Infinito, a partir de seus efeitos finitos. São Tomás responde a essa objeção afirmando que, embora a partir dos efeitos não possamos alcançar um conhecimento perfeito de Deus, podemos demonstrar a sua existência. Ou seja, para São Tomás poderíamos conhecer o invisível através do visível, mas para isso é preciso mostrar que a existência de Deus pode ser demonstrada por meio da existência das coisas (pela mediação dos entes), do mundo criado. São Tomás chama a nossa atenção para dois sentidos do termo *demonstrar* (ou dois tipos de provas): (a) pode-se demonstrar algo a partir da causa, da essência às propriedades, da causa ao efeito (isso equivale a dizer a partir daquilo que é primeiro em um sentido absoluto, mas isso é impossível à razão humana); (b) pode-se demonstrar algo a partir dos efeitos, ou seja, argumentar a partir daquilo que é primeiro para nós, do efeito para a causa: isso equivale a um método regressivo. São Tomás conclui, então, dizendo-nos: "Podemos demonstrar a existência de Deus, embora não possamos conhecê-lo tal como Ele é em sua essência, tomando como ponto de partida os efeitos que nos são conhecidos". Alertando-nos para os limites da razão em alcançar o conhecimento da essência de Deus, São Tomás afirma, no âmbito do que efetivamente podemos saber, que a demonstração racional da existência de Deus passaria pela mediação dos entes criados, considerando-os como efeito de uma causa. Em um processo regressivo de causa e efeito, Deus apareceria, ao final desse processo, como Ser Transcendente, Causa Eficiente, Exemplar e Final de tudo o que foi criado.

Para São Tomás de Aquino, portanto, quando se trata da existência de Deus, seria impossível adotar o primeiro tipo de prova, conforme propusera Anselmo. Somente o segundo tipo de prova poderia, partindo dos efeitos, levar à autêntica demonstração da existência de Deus, ainda que se reconheça, no caso de tal existência, que não haja igualdade entre efeito e causa, uma vez que os efeitos são finitos, ao passo que a Causa Final seja infinita. Por esse motivo, segundo São Tomás, não poderíamos obter um conhecimento pleno da Causa Primeira.

No artigo III da segunda questão do primeiro tratado (Tratado de Deus) da *Summa Theologica*, deparamo-nos com as célebres cinco vias (*quinque viae*) para a demonstração da existência de Deus, ou seja, uma compilação das cinco linhas de argumentação – cuja inspiração repousaria na filosofia aristotélica – a partir das quais seria possível provar a existência de Deus, tomando como ponto de partida os efeitos finitos que nos são conhecidos pela experiência sensível.

A primeira via de argumentação baseia-se no *argumento do movimento*, inspirado em Aristóteles (*Física*, Livro VIII). O movimento se caracteriza pela passagem de potência ao ato; ora, somente algo que já existia em ato poderia fazer com que algo que existisse em potência passasse a ato. Nesse sentido, "todas as coisas que são movidas são movidas por outra", pois não se pode admitir que uma mesma coisa possa ser ela mesma a coisa movida e o princípio motor que a faz se movimentar. Portanto, tudo o que se move é movido por algo imóvel, já que não se pode admitir uma regressão ao infinito. Deus é entendido então como o *primeiro motor*. Nessa primeira via de argumentação, parte-se do movimento para se chegar ao motor imóvel.

A segunda via de argumentação parte da noção – também aristotélica (Metafísica, II) – de *causa eficiente*. Nada pode ser causa eficiente de si próprio, pois, nesse caso, seria anterior a si próprio, seria causa e efeito ao mesmo tempo, sendo assim anterior e posterior, o que seria absurdo. Por outro lado, toda causa deve, por sua vez, ter sido causada por outra, esta por uma terceira e assim por diante. Tal como no primeiro argumento, não é possível admitir uma regressão ao infinito de causas. Portanto, Deus é a primeira causa eficiente. Parte-se das causas segundas para se chegar então à Causa Primeira (a *causa não causada*). Do contrário, aceitaríamos uma série infinita e não explicaríamos a causalidade.

A terceira via de argumentação é conhecida como *argumento cosmológico*. Tal argumento toma por base a distinção aristotélica entre *necessidade* e *contingência*, procurando explicar a necessidade da existência do universo (cosmos). Constatamos a contingência na natureza, mas nem todas as coisas podem ser contingentes, pois, se assim fosse, seria possível que não houvesse coisa alguma. Em outras palavras: se nas coisas houvesse apenas o possível, poderia ocorrer que não houvesse nada. Mas aquilo que não existe só pode começar a existir a partir do que já existe antes. Para que o possível exista, é necessário que algo o faça existir. É preciso assim que algo do que já exista seja necessário. E Deus é o primeiro Ser, origem de toda necessidade. Portanto, se alguma coisa contingente existe, é porque participa do necessário absoluto, Deus.

A quarta via – considerada pelos comentadores como sendo uma argumentação de índole platônica – toma como ponto de partida os graus hierárquicos de perfeição existentes nas coisas (Aristóteles, *Metafísica II*). Todas as coisas que têm um predicado (ou uma qualidade) caracterizam-se por um termo comparativo (mais ou menos isso ou aquilo). Portanto, pressupõe como parâmetro o máximo. Deus é o Ser Perfeito, isto é, aquele que tem o máximo de perfeição; a perfeição é, por sua vez, entendida como o máximo de realização de atributos ou qualidades.

A quinta e última via de argumentação (conhecida como *argumento da finalidade*) parte da noção aristotélica de *finalidade*, ou *causa final*. Deve haver um propósito ou finalidade na natureza (todas as operações dos corpos materiais tenderiam a um fim). A regularidade com que alcançam o seu fim, mostra que esses corpos não são movidos pelo acaso, existindo nos mesmos uma regularidade intencional e desejada. Caso contrário, o universo não tenderia para o mesmo fim ou resultado. A causa inteligente dessa determinação é Deus. Na quinta via, Tomás de Aquino parte da ordem do cosmos ao supremo ordenador, Inteligência Primeira ordenadora da finalidade das coisas.

Embora as provas de São Tomás de Aquino para demonstrar a existência de Deus possam ser questionadas – e de fato o foram, principalmente no início do pensamento moderno –, sua importância encontra-se no novo caminho que essas provas abrem em relação ao tratamento dessas questões. São argumentos que vão contra a concepção segundo a qual se pode conhecer Deus diretamente, na sua essencialidade, por meio de uma evidência absoluta (tal essencialidade permaneceria oculta a *ratio* humana); no entanto, como vimos, para São Tomás, podemos demonstrar a existência de Deus, tendo como ponto de partida a constatação de seus efeitos finitos que nos são revelados pela experiência sensível. Além disso, esses argumentos vão contra a concepção de que só podemos conhecer Deus pela fé, de que só podemos falar de Deus se já soubermos quem Ele é. Conhecemos Deus pelos seus efeitos, pela sua obra. O criador sempre deixa a sua marca no que cria, tornando-a legítima.

Seja como for, do ponto de vista da história da filosofia, as provas racionais para demonstrar a existência de Deus evidenciam, no Período Medieval, certo impasse em torno da referida problemática filosófica: com o argumento ontológico, a prova racional força-nos, pela mera consideração da ideia de Deus, concebido como "Aquele acima do qual nada maior pode ser pensado", a afirmar a existência de Deus, pois, do contrário, cairíamos em contradição lógica; por outro lado, como nos afirma São Tomás de Aquino, a razão transgrediria os seus próprios limites ao afirmar a existência de Deus a partir de um mero assentamento da ideia de Deus, uma vez que *ser no intelecto* não é o mesmo que *ser na realidade*. Instaura-se, então, certo impasse: ao adotar o argumento ontológico, não caio em contradição lógica, mas faço a razão transgredir os seus próprios limites; por outro lado, se evito tal transgressão, caio em contradição lógica.

Bibliografia

FERRATER MORA, J. Ontológica, Prova. Em: *Dicionário de filosofia*. São Paulo: Martins Fontes, 1994.

GHISALBERTI, A. *As raízes medievais do pensamento moderno*. Coleção Filosofia – 131. Porto Alegre: EDIPUCRS, 2001.

KOBUSCH, T. (org.). *Filósofos da Idade Média*. São Leopoldo: Editora UNISINOS, 1999.

ZILLES, U. *O problema do conhecimento de Deus*. Coleção Filosofia – 61. Porto Alegre: EDIPUCRS, 1997.

Sugestão de Leitura

Santo Anselmo. *Proslógio*. Em: Coleção *Os Pensadores* – Santo Anselmo de Cantuária/ Pedro Abelardo. São Paulo: Abril Cultural, 1973.

Sciacca, M. F. *História da filosofia I. Antiguidade e Idade Média*. São Paulo: MESTRE JOU, 1967.

Temas para Debate

1. As provas racionais da existência de Deus e os seus limites.
2. Sobre a existência de Deus: "crer para compreender" ou "compreender para crer"?
3. O lugar da existência de Deus no Período Medieval e suas implicações filosóficas.
4. A existência de Deus no intelecto e na realidade.

14

Fé e razão na filosofia de São Tomás de Aquino

> *O homem deve conhecer o fim ao qual deve ordenar as suas intenções e ações. Por isso se tornou necessário, para a salvação dos homens, que lhes fossem dadas a conhecer, por revelação divina, determinadas verdades que ultrapassam a razão humana.* (São Tomás de Aquino, *Suma Teológica*)

Quando nos voltamos para a obra de São Tomás de Aquino, deparamos com a distinção formal e explícita entre teologia dogmática e filosofia. De acordo com essa distinção, a filosofia estaria apoiada unicamente na luz natural da razão, ou seja, o filósofo lança mão de princípios que são conhecidos pela razão humana, extraindo conclusões que resultam do próprio raciocínio. Já o teólogo – embora faça uso do raciocínio – aceita seus princípios por autoridade, pela fé, concebendo-os como princípios revelados pela experiência religiosa. O exercício do raciocínio que tem como ponto de partida premissas reveladas pela fé torna-se uma das características marcantes da Teologia Escolástica. Mas exatamente por partir de princípios revelados a teologia dogmática distingue-se da filosofia, cujos princípios são extraídos da própria razão. A título de ilustração, poderíamos dizer que um teólogo pode tentar, com a ajuda de categorias e formas de raciocínio tomadas de empréstimo da filosofia, compreender um pouco melhor o mistério da Trindade. Mas nem por isso deixa de atuar como um teólogo, na medida em que não deixou de aceitar, por um só momento, o dogma da Santíssima Trindade pela luz da revelação divina. Para o teólogo, portanto, o princípio no qual se apoia o seu raciocínio é revelado pela fé, de modo que as conclusões desse raciocínio remontam, em última instância, a tal princípio; algo distinto de uma conclusão a que chega uma argumentação filosófica.

Enquanto o filósofo se volta, primeiramente, para o mundo da experiência, para poder afirmar, por meio do raciocínio, a existência de Deus (uma vez que Ele pode ser, em certa medida, conhecido por criaturas dotadas de capacidade racional), o teólogo se volta, primeiramente, para Deus, tal como Ele tem sido revelado, de modo que o método em teologia consiste em passar de Deus para as criaturas, em vez de ascender das criaturas para Deus, como faz o filósofo. A principal diferença entre teologia e filosofia consiste, portanto, no fato de que o teólogo reconhece os seus princípios como princípios revelados pela fé, considerando o objeto com o qual lida como algo revelado ou dedutível do que é revelado, ao passo que o filósofo aprende seus princípios unicamente por intermédio da razão, considerando os objetos com os quais lida não como revelados pela fé, mas sim como algo aprendido e apreensível pela luz natural da razão. Deve ficar claro, contudo, que a diferença entre teologia e filosofia não repousa em uma *diferença de objetos* propriamente ditos.

Algumas verdades são próprias da teologia, na medida em que somente são reveladas pela fé (como o mistério da Trindade, por exemplo), ao passo que outras verdades são próprias da filosofia apenas porque não são reveladas pela fé, mas unicamente pela razão. Mas existem algumas verdades que são comuns à teologia e à filosofia – que são reveladas, embora possam, ao mesmo tempo, ser demonstradas pela razão, como por exemplo, a existência de Deus e a imortalidade da alma. Em alguma medida, teologia e filosofia consideram as mesmas verdades, embora de maneira diferente, o teólogo concebendo-as como reveladas e o filósofo como conclusões a que chega por meio do raciocínio. Tanto o filósofo como o teólogo concebem Deus como Criador. Entretanto, enquanto o filósofo chega a essa conclusão por argumentos puramente racionais, o teólogo aceita tal verdade por meio da revelação. Tal verdade é, para o teólogo, antes uma premissa do que uma conclusão, premissa que não é hipoteticamente assumida, mas sim revelada. Para usarmos uma linguagem técnica, não é primariamente uma diferença de verdades consideradas *materialmente*, ou de acordo com o seu conteúdo, que constitui a diferença entre a verdade da teologia e a verdade da filosofia, mas antes uma diferença de verdades considerada formalmente (a mesma verdade pode ser enunciada por teólogo e filósofo, mas de modo diferente por cada um).

Segundo São Tomás de Aquino, por intermédio da razão, podemos provar a existência de Deus, tal como fica, conforme vimos, caracterizado nas célebres cinco vias da demonstração da existência de Deus. No entanto, nem tudo o que sabemos sobre Deus o sabemos pela luz da razão natural. De acordo com São Tomás de Aquino, sobre Deus, também temos conhecimentos que "excedem toda faculdade da razão humana": são os conhecimentos que Deus mesmo nos deu de si próprio na sua revelação. Em poucas palavras, poderíamos resumir a posição de São Tomás de Aquino da seguinte forma: "conhecemos algo" de Deus pelo exercício da razão, mas "não conhecemos tudo" de Deus por intermédio de tal exercício; há algo que somente se dá por revelação, pela experiência da fé.

Que o exercício da razão humana não seja suficiente para nos proporcionar um conhecimento completo e perfeito de Deus é algo que se justifica pelo próprio mecanismo do conhecimento humano.

O intelecto humano encontra-se unido à matéria. Para conhecer, necessita tomar como ponto de partida a realidade sensível e, sobre os dados dos sentidos, realizar a intelecção da forma essencial (tal como na demonstração da existência de Deus, na qual Tomás de Aquino parte do efeito para a causa, isto é, da constatação dos efeitos finitos de Deus para demonstrar a sua existência). Baseando-se nos dados da experiência sensível, o intelecto humano pode inferir a existência de Deus, mas não pode inferir o que Deus **é**. Portanto, segundo São Tomás de Aquino, de maneira alguma, o intelecto humano estaria capacitado a contemplar diretamente a essência mesma de Deus, uma vez que Deus – substância totalmente espiritual – não oferece aos nossos sentidos base sensível alguma a partir da qual o intelecto possa extrair a sua essência inteligível. Portanto, o que ulteriormente sabemos de Deus, sabemo-lo, pois, por outra via que não é a da razão natural. Sabemo-lo por revelação, sabemo-lo pela fé.

São Tomás de Aquino fala-nos da conveniência de que as verdades da fé possam complementar as aquisições da razão natural. Tal conveniência não se baseia apenas na riqueza de conhecimento que esse divino auxílio nos outorga, mas em outros dois fundamentos. O primeiro encontra-se no fim supremo da salvação do homem. Para se salvar, o homem necessita conhecer seu fim, condicionando a ele o seu comportamento. Segundo São Tomás de Aquino, era conveniente que Deus revelasse ao homem certas verdades superiores à razão, para que o homem pudesse, conhecendo-as, organizar e orientar convenientemente a sua vida para a eterna salvação. O segundo fundamento que justifica a revelação encontra-se ligado ao fato de que o exercício mesmo da fé reage sobre a razão, aperfeiçoando-a e dando o remate mais adequado à atividade humana. Em outros termos, convém ao homem saber que há, acima de sua razão limitada, essências que a razão humana sozinha não poderia conhecer.

Ainda assim, para São Tomás de Aquino, a fé é o complemento, o aperfeiçoamento da razão. Nesse debate, uma questão que surge é a seguinte: pode um mesmo homem crer (aceitar a autoridade pela fé) e, ao mesmo tempo, conhecer (como resultado de uma demonstração racional) a mesma verdade? Se a existência de Deus tem sido demonstrada pelo filósofo, pode ele crer, ao mesmo tempo, em tal existência pela fé? Em *De Veritate* (1256-1259), São Tomás de Aquino responde que é impossível haver fé e conhecimento concernente ao mesmo objeto, que a mesma verdade seja, ao mesmo tempo, conhecida filosoficamente e aceita pela fé por um mesmo homem. A razão demonstrativa de algo exclui a fé, ao passo que, quando temos crença de algo pela fé, é que não podemos prová-lo nem demonstrá-lo racionalmente. Justamente porque a razão e a fé são complementares é que se excluem em um mesmo objeto. Sob essa suposição, pareceria que um homem que provou, com argumentação racional, a unidade de Deus, não poderia crer nessa mesma verdade pela fé. São Tomás de Aquino encontra-se compelido a dizer que tal verdade como a unidade de Deus não é propriamente falando artigo de fé, mas antes *praeambula ad artículos*. Ele acrescenta, no entanto, que nada impede que tal verdade seja objeto da crença de um homem que não pode compreender ou não teve tempo de considerar a demonstração filosófica. Muitas verdades que, em si mesmas, são de razão, encontram-se em nós como de fé e são por nós cridas mais do que conhecidas demonstrativamente. Seria, portanto, inconveniente levar ao extremo rigor o princípio de exclusão recíproca entre fé e razão. Sem dúvida, em São Tomás de Aquino, razão e fé se complementam, mas tal complementação não implica em sobreposição das mesmas. Sem nunca se confundir, a razão e a fé podem se ajustar mutuamente.

Apesar de complementares, a filosofia e a teologia de São Tomás de Aquino não se confundem, pois a fé e a razão procedem segundo sua própria e peculiar modalidade. Mesmo nos momentos de mais íntima colaboração, a razão e a fé conservam sempre seus caracteres próprios e diferenciais, mantendo intacta e mútua independência. No que se refere a esse tema, a inovação de São Tomás de Aquino está na proclamação e realização rigorosa da distinção e, ao mesmo tempo, da unidade entre fé e razão. A unidade objetiva da verdade é a base sobre a qual se funda a harmonia entre fé e razão. Afinal, um único e mesmo Deus é autor de nossa razão e de nossa revelação. Os princípios do raciocínio e a revelação recebida pela fé são obras de um só autor: Deus. A verdade de uma afirmação consiste na concordância daquilo que se diz com aquilo que é, e não no modo ou método pelo qual chegamos a tal afirmação. Deus é um. A verdade é uma. A concordância entre a fé e a razão se fundamenta – em última instância – no postulado da unidade do ser e da verdade em Deus. Nesse sentido, não haveria, entre fé e razão, uma *dupla verdade*, uma vez que admitir verdades discordantes (as verdades da razão e as da fé) significaria levar a contradição ao próprio Deus.

Quando uma proposição filosófica encontra-se em contradição com a verdade revelada, significa que a primeira contém um erro, de modo que a filosofia é chamada a corrigi-la. Assim, nesse caso, o erro não é da filosofia, mas do filósofo. Portanto, em São Tomás de Aquino, somente de fato – não de direito – pode se dar o conflito entre o que é revelado pela fé e o que é demonstrado pela razão.

Bibliografia

BOEHNER, P. & GILSON, E. *História da filosofia cristã*. Petrópolis: Vozes, 1982.

GHISALBERTI, A. *As raízes medievais do pensamento moderno*. Coleção Filosofia – 131. Porto Alegre: EDIPUCRS, 2001.

Gilson, E. *A filosofia na Idade Média*. São Paulo: Martins Fontes, 1995.

Sciacca, M. F. *História da filosofia I. Antiguidade e Idade Média*. São Paulo: MESTRE JOU, 1967.

Sugestão de Leitura

Kobusch, T. (org.). *Filósofos da Idade Média*. São Leopoldo: Editora UNISINOS, 2005.

Libera, A. de. *A filosofia medieval*. Rio de Janeiro: Jorge Zahar Editor, 1993.

Temas para Debate

1. As relações entre filosofia e teologia em São Tomás de Aquino.
2. O exercício da razão humana e seus limites no conhecimento de Deus.
3. A experiência da fé e a sua importância para a filosofia de São Tomás de Aquino.
4. Pode haver conflito entre o que a fé revela e o que a razão pode demonstrar?

15

O problema dos universais na filosofia medieval

> *Os gêneros e as espécies seriam entidades existentes em si mesmas, ou não passariam de puras concepções do espírito? Seriam "realidades objetivas" ou simplesmente "palavras"?* (Boécio, comentário ao *Isagoge,* de Porfírio)

A célebre *questão dos universais* encontra-se ligada a uma discussão que percorreu praticamente toda a filosofia medieval, constituindo-se como uma das questões centrais da ontologia na tradição filosófica. O problema capital em relação aos universais (*universalia*) é o de seu *status* ontológico. Trata-se, primeiramente, de determinar a qual classe de entidades pertence os universais, qual a sua forma peculiar de *existência*. Afinal, seriam os universais (gêneros e espécies) entidades existentes em si mesmas ou meras concepções do espírito? Apesar dessa questão já estar formulada desde Platão e Aristóteles, a grande intensidade com que foi discutida a partir do século XI fez com que os comentadores se acostumassem a situar nesse período da história da filosofia a origem explícita da chamada *questão dos universais*. Tal questão origina-se, principalmente, do comentário do filósofo e teólogo romano Anício Severino Boécio (480-524) ao *Isagoge* (que seria, por sua vez, um comentário às Categorias de Aristóteles) de Porfírio (232-305), erudito sírio, discípulo e editor de Plotino. Em seu comentário, Boécio refere-se à famosa questão sobre a natureza dos gêneros e espécies (os universais): (a) os gêneros e as espécies seriam entidades existentes em si mesmas, ou não passariam de puras concepções do espírito? Seriam realidades objetivas (*res*) ou simplesmente palavras (*voces*)? (b) Caso sejam seres verdadeiros, dizemos que são essências corpóreas ou incorpóreas? (c) Estão separados dos objetos sensíveis ou fazem parte deles? (d) Afinal, que tipo de relação há entre os universais e os entes particulares? Essa obra teve grande influência na Idade Média, sendo bastante difundida como texto de lógica nas escolas, dando origem à longa controvérsia medieval sobre a natureza dos universais.

Deparamo-nos, nesse mesmo período, com diferentes pensadores, cada um dos quais assumindo uma posição quanto ao problema em questão. Destacam-se quatro vias possíveis de abordagem do problema dos universais: a do *realismo platônico* (ou transcendente), a do *realismo aristotélico* (ou imanente), a do *conceitualismo* e a do *nominalismo*. Pelo menos, em princípio, pode-se dizer que o encaminhamento de Severino Boécio para o problema dos universais é aristotélico, ou seja, para Boécio, os universais existem *nas* coisas sensíveis, mas são, no entanto, compreendidos independentemente das coisas, por meio de uma abstração do intelecto.

Um olhar panorâmico em torno da questão dos universais permite-nos notar, pelo menos, quatro grandes linhas de encaminhamento da referida questão. As mais tradicionais levam-nos ao *realismo platônico* e ao *realismo aristotélico* – concepções adotadas pelos seguidores de Platão e de Aristóteles. Em linhas gerais, os adeptos do realismo defenderão a tese segundo a qual os universais existem objetivamente, fora de nossa mente, seja na forma de realidades em si, transcendentes em relação aos particulares (como em Platão, *universalia ante rem*), seja como imanentes, encontrados nas coisas individuais (como para Aristóteles, *universalia in re*). Portanto, pode-se distinguir, por um lado, um *realismo platônico* que considera os universais como realidade em si, transcendentes às coisas singulares e, de outro lado, um *realismo aristotélico*, segundo o qual as essências universais estariam nas próprias coisas individuais como formas imanentes.

De acordo com o *realismo platônico*, gêneros e espécies (animal mamífero, cavalo) seriam ideias (ou formas puras), entidades dotadas, portanto, de uma existência autônoma, pertencentes ao mundo das ideias e independentes tanto das coisas concretas ou sensíveis (este cavalo) como de nossos pensamentos (o conceito de cavalo). Platão concebeu os universais como seres transcendentes, *ante rem* em Latim (antes das coisas): a existência de universais não depende da existência de indivíduos que os exemplifiquem. Essa ideia é aceitável se o nosso modelo de universais se assenta na matemática: as verdades geométricas sobre círculos, por exemplo, não dependem da existência de quaisquer indivíduos que sejam perfeitamente circulares. Os universais existiriam, então, no *realismo platônico*, como entidades autônomas, independentemente da existência de coisas sensíveis individuais que pudessem exemplificar essas entidades.

Para o *realismo aristotélico* – posição adotada, por exemplo, por São Tomás de Aquino – gêneros e espécies existem nas coisas (*in re*), mas não independentemente delas, como formas da substância individual, podendo ser conhecidas por nós através da abstração, cujo exercício permite-nos destacar do particular o universal. No *realismo aristotélico*, portanto, percebemos que esse indivíduo é um cavalo, um animal mamífero etc. Trata-se, então, de um ponto de vista segundo o qual os universais refletem a propensão do intelecto para agrupar as coisas (os gêneros e as espécies só subsistem nos objetos sensíveis, mas são entendidos fora deles). Aristóteles defendeu, ao contrário de Platão, uma teoria de universais como seres imanentes, *in rebus* (nas coisas): não podem existir universais a menos que existam indivíduos nos quais esses universais se exemplifiquem. Essa é uma ideia aceitável se o nosso modelo de universais se assentar na biologia: uma espécie não pode existir, por exemplo, se não existem animais daquela espécie. Assim, uma das distinções centrais entre o realismo transcendente de Platão e o realismo imanente de Aristóteles é a de que um platônico admite, e Aristóteles não admite, a existência de universais não exemplificados. Nesse sentido, para Platão os gêneros e as espécies não só são entendidos pela atividade do intelecto, fora dos objetos sensíveis, como também existem fora desses objetos.

Uma terceira linha de abordagem da questão dos universais ficou mais comumente conhecida como *conceitualismo*. Tal abordagem foi, particularmente, desenvolvida por Pedro Abelardo (1079-1142) em sua *Lógica para Principiantes*. Nessa obra, Abelardo sustenta que os universais são apenas conceitos, ou seja, predicados de sentenças que descrevem as coisas (Isto é um cavalo), existindo, portanto, na mente como meio de unir ou relacionar coisas particulares dotadas das mesmas características ou qualidades. Uma vez que as coisas tomadas individual ou coletivamente não podem ser chamadas de *universais* pelo fato de serem predicadas de vários seres, resta a solução de atribuir essa universalidade apenas às palavras. Enquanto predicado de uma sentença, o universal é "aquilo que é predicado de muitos", uma palavra dita universal é aquela palavra que se encontra apta para ser predicada singularmente de muitos seres, tal como o nome *homem*, que se pode ligar com os nomes particulares dos homens segundo a natureza das coisas sujeitas às quais o nome foi imposto.

Portanto, para o *conceitualismo*, os universais somente existem enquanto conceitos universais em nossa mente (conceito que possuem *esse objetivum*) ou, se se quiser, enquanto ideias abstratas. Os universais não são entidades reais (sejam transcendentes ou imanentes, conforme se pensava no *realismo platônico* e no *realismo aristotélico,* respectivamente) nem meros nomes usados para descrever entidades concretas: são apenas conteúdos da nossa mente, são conceitos gerais (aquilo que é predicado de muitos), representações produzidas pelo intelecto, induzidas das coisas individuais (*universalia post rem*), com as quais têm uma semelhança.

Já Guilherme de Ockam (1284-1349) – talvez o filósofo mais influente do século XIV – adota a respeito da questão dos universais uma concepção conhecida como *nominalismo*. Tal concepção é, em sua versão mais radical, inaugurada por João Roscelino (século XII), cuja tese é a de que os universais seriam apenas palavras, pura emissão fonética (*flatus vocis*), sons emitidos, não havendo nenhuma entidade real correspondente a eles. Os universais não existem objetivamente na realidade (*res*), mas seriam apenas palavras (*voces*), de modo que, para os nominalistas, só tem existência real os indivíduos ou as entidades particulares. Compartilhar um universal não é senão poder ser descrito pela mesma palavra, ou seja, na versão desse nominalismo radical, não há nada de comum nos indivíduos exceto o fato de lhes aplicarmos as mesmas palavras. O *nominalismo* de Ockam é mais sofisticado e elaborado do que o do século XII proposto por Roscelino.

Na verdade, Ockam defende um misto de *nominalismo* e *conceitualismo*, porque entende o universal como um termo que corresponde a um conceito por meio do qual nos referimos a essas qualidades ou características. Para Ockam, o universal é, assim, a referência de um termo, e não uma entidade; mas tampouco o universal é, para ele, apenas uma palavra, já que existe o correlato mental, o conceito por meio do qual a referência é feita. É em relação a essa questão que devemos entender a famosa fórmula conhecida como *lâmina* (ou *navalha de Ockam*). Ou seja: não devemos multiplicar a existência dos entes além do necessário. Segundo Ockam, isto significa que não devemos supor a existência de entidades metafísicas como no *ultrarrealismo platônico* (realismo transcendente), uma vez que essas entidades não só não explicam adequadamente a natureza das coisas particulares, como carecem, elas próprias, de explicação. A *navalha de Ockam* é, portanto, um princípio de economia segundo o qual nossa ontologia (teoria sobre o real) deve supor apenas a possibilidade de existência do mínimo necessário. Termos e conceitos são suficientes, assim, para dar conta do problema dos universais, não havendo a necessidade de supor a existência de entidades reais universais – podemos dizer tudo o que precisamos dizer e explicar tudo o que precisamos explicar, sem recorrer à existência de universais; e se podemos, e se somos racionais, então, devemos fazê-lo.

Uma das muitas argumentações de Ockam para refutar toda solução de tipo realista do problema dos universais – seja do *ultrarrealismo platônico*, seja do *realismo aristotélico* sustentado por São Tomás de Aquino –, encontra-se na primeira parte de *Summa Logicae*. Ockam afirma-nos, no trecho da referida obra, que o universal não é uma substância existente fora da mente. Segundo ele, podemos demonstrar apoditicamente tal afirmação, argumentando, em primeiro lugar, que nenhum universal é uma substância singular, numericamente una. Se isso fosse sustentado, se seguiria que Sócrates é um universal, e não há nenhuma razão para afirmar que um universal seja uma substância singular mais do que outra. Logo, nenhuma substância singular é um universal, mas toda substância é numericamente una e singular. Portanto, para Ockam, não existe nada de universal no universo da realidade extramental, composta somente de indivíduos numericamente uno e singulares. No entanto, para Ockam os universais não são meras palavras (meros sons emitidos vocalmente), como no *nominalismo* radical de Roscelino, mas sim termos que correspondem a conceitos. Termos e conceito seriam, então, suficientes para dar conta do problema dos universais.

O problema dos universais seria ainda retomado na filosofia moderna, dentro da qual prevaleceriam as posições conceitualistas (Locke, século XVII) e nominalistas (Hobbes, século XVII). O mesmo problema continuaria sendo discutido na filosofia contemporânea, dentro da qual haveriam autores (Frege) que adotariam versões do realismo em áreas específicas da filosofia, como as da lógica e da filosofia da matemática. O *nominalismo* tem sido também bastante discutido na filosofia da linguagem contemporânea, devido à sua valorização da linguagem e postura antimetafísica.

Bibliografia

FERRATER MORA, J. Universais. Em: *Dicionário de filosofia*. São Paulo: Martins Fontes, 1994.

GHISALBERTI, A. *As raízes medievais do pensamento moderno*. Coleção Filosofia – 131. Porto Alegre: EDIPUCRS, 2001.

GILSON, E. *A filosofia na Idade Média*. São Paulo: Martins Fontes, 1995.

SCIACCA, M. F. *História da filosofia I. Antiguidade e Idade Média*. São Paulo: MESTRE JOU, 1967.

SUGESTÃO DE LEITURA

Kobusch, T. (org.) *Filósofos da Idade Média*. São Leopoldo: Editora UNISINOS, 2005.

Libera, A. de. *A filosofia medieval*. Rio de Janeiro: Jorge Zahar Editor, 1993.

> **Temas para Debate**
>
> 1. Os gêneros e as espécies seriam entidades existentes em si mesmas?
> 2. Caso sejam seres verdadeiros, os universais são essências corpóreas ou incorpóreas?
> 3. Os universais encontram-se separados dos objetos sensíveis ou fazem parte deles?
> 4. Quais as implicações filosóficas de se considerar os universais como meras palavras?